リーダーシップの旅

見えないものを見る

野田智義　金井壽宏

光文社新書

目次

序章　「リーダーシップ」はなぜ心に響かないのか

黒人奴隷を解放したアメリカ十六代大統領エイブラハム・リンカーン、非暴力・不服従を貫きインド独立を導いたマハトマ・ガンジー、天安門事件で戦車の前に立ちふさがった中国人の青年、子供の頃に公園で初めて缶蹴りの遊び方を教えてくれた友達。この四人の中で、あなたにとってのリーダーはだれですか。

なぜ、その人をリーダーだと思うのですか。

自分とその人の共通点・相違点は何でしょうか。

周囲の人に、「リーダーシップの本質」を一分で話すとすれば、どう話しますか。

今まで、リーダーシップについて書かれた本を買ったことがありますか。その動機は何だったのでしょうか。

あなたのリーダーシップについての興味は、一体どこから来ているのでしょう。

あなた自身にとって、リーダーシップはどういう意味をもっているのでしょうか。

あなたは自分をリーダーだと思いますか。自分はリーダーになりたい、なれると思いますか。

リーダーシップに興味がわかない皆さんへ ―野田―

リーダーシップとは不思議なものだ。

世間ではリーダーが必要だと信じられているし、リーダーシップについての本やメディア記事は多く存在する。リーダー待望論はどんどん強くなるばかりだ。

でも、多くの人たちは、リーダーシップなんて自分とは縁のない、何か遠い世界の出来事だと思っているのではないだろうか。

「多くの人」などと他人事であるかのように言うのはフェアではない。そう言う私自身が、かつてはまったくリーダーシップに興味がもてなかったからだ。この本を買っていただいた読者の皆さんにはまことに失礼だが、なぜ、リーダーシップを扱った本を買う人がいるのだろうとすら思っていた。

三十代で経営学の研究者となってからも、リーダーシップの研究書を読んだことはほとんどなかったし、大学院で一番食指が動かない授業がリーダーシップ関連のものだった。まして自分がリーダーになりたい、なれる、なろうとは思ってもみなかった。

そんな自分が今では、ＮＰＯ法人ＩＳＬ（Institute for Strategic Leadership）というリ

ーダーシップの塾を主宰し、リーダーシップ研究で日本の第一人者である金井さんと対談している。そして不思議なことに、周囲からはかなりの程度リーダーだと思われていて、自分もリーダーたらんとする自覚をもつように日々心がけている。

なんとも奇妙なことだ。

なぜ、リーダーシップは人の心に響かないのか。もっと自分に引きつけて言い換えると、なぜ、リーダーシップは自分の心に響かなかったのだろうか。この本ではまずそんな疑問を解きほぐしながら、リーダーシップをめぐる世間一般の誤解にも言及し、リーダーシップの本質にできる限り迫ってみたい。

最初から結論を言わせていただくと、リーダーシップとは、私たち一人一人が自分の生き方、仰々《ぎょうぎょう》しく言えば、生き様を問うことだ。したがって、この本が、自分に引きつけてリーダーシップをとらえ、自らの人生にとってリーダーシップがどんな意味をもつのかを考える機会となれば、筆者の一人として光栄に思う。かつてまったくリーダーシップに興味がなかった私だからこそ、少しはお役に立てるのではないか。僭越《せんえつ》だがそう思うし、それができれば、何よりもうれしい。

「すごいリーダー」という幻想 ― 野田 ―

リーダーと聞いて、どんな人をイメージされるだろうか？

この質問を私はこれまで世界各地で幾度も繰り返してきた。

答えは様々だろう。

アメリカ人なら、まずA・リンカーン、J・F・ケネディ（JFK）という二人の大統領、それにマーティン・ルーサー・キング牧師あたりを挙げる。マザー・テレサと答える人もいるし、ちょっと見方の違う人は、チェ・ゲバラやマルコムXこそリーダーだと言ったりする。そのほか、シンガポール人ならリー・クワンユー（元首相）の名前を必ず口にするだろう。インド人なら独立の父マハトマ・ガンジー。フランス人にはナポレオン・ボナパルトを挙げる人が時々いる。

日本人に聞けば、織田信長、豊臣秀吉、徳川家康と、おなじみの戦国武将が出てくる。坂本龍馬、西郷南洲を代表とする幕末・明治維新の志士たちをリーダーと感じる人も多い。もちろん、星野仙一さんなどスポーツ界の指導者やビジネス界の経営リーダーを思い浮かべても間違いではない。この質問に正解はないし、人それぞれ、浮かべるリーダーは異なってかまわない。

では、なぜ、その人を思い浮かべたのだろうか。

この質問にも色んな答えがあるだろう。「新しい日本を構想したから……」「ビジョンをつくり出し世に示したから……」「人を巻き込み、動かしたから……」など様々な言葉が出てくる。思い浮かべたリーダーによって異なるが、「構想力」「ビジョン」「人を動かす力」といったリーダーを形容する言葉のリストは、私たちそれぞれがもっているリーダー像を一応は説明してくれる。つまり、この質問は、リーダーシップとはそもそも何なのかを抽象的ながらも問うていることになる。

さて、大切なのはさらに次の質問だ。皆さんに「あなたとそのリーダーはどこが違いますか」と尋ねてみるとどうだろう。もっと端的に「あなたは自分をリーダーだと思いますか」と聞く方がよりストレートかもしれない。「そういうあなた自身はどうなの？　どうなんだ？」と怒気《どき》をもって聞き返されてしまいそうだけれども。

「どんな人をリーダーだと思うか」「それはなぜか」「その人と自分はどこが違うか」という三つの質問を何人かの人たちと対話の形で続けていると、おおまかに言って一つのパターンが現れてくる。あえて超シンプルに表現してみるとこんな感じになる。

「あの高名な○□×△さんがリーダーだと思います」。なぜ、その人を思い浮かべたかというと、「すごいリーダーだから」。自分と比べてみると、「とんでもない、あまりにも違いすぎる」「とても自分はそんなリーダーにはなれないですよ……」。

かくして対話が続かなくなる。「すごいリーダー」のイメージと「自分には届かない」という意識が私たちの頭を覆ってしまい、思考停止が訪れる。

そうだ。確かにリーダーはすごい。私たち人類の歴史は、そのほとんどがリーダーによってつくられ、塗り替えられてきたといっても過言ではないだろう。民主主義、自由主義、資本主義といった今の政治システムや経済社会システムが形成されたのも、思想家、啓蒙家、革命家、実践家としてのリーダーたちがいたおかげだ。古今東西の発明や発見、あらゆる芸術の新ジャンルはすべてリーダーシップによって開拓され、生み出されてきた。そして、その都度、パラダイムが確実に塗り替えられてきた。

もちろん、社会の営みは、多くの人たちの目立たないながらも地道な努力によって支えられている。人々はその中でそれぞれの人生を精一杯生き、その結果、社会は漸進的に日々発展してきている。しかし、歴史に大きな流れを起こし、新機軸によって時代を画するような営みは、やはり一握りのリーダーによってつくり出されてきた。人類史を俯瞰《ふかん》し、振り返った場合、新たな価値創造の九九％はリーダーによってなされるのではないだろうか。誤解を恐れずに、そう言っていいかもしれない。リーダーシップはそのぐらい偉大なものだと思う。

こんな議論をするのは、決してリーダーを礼賛《らいさん》するためではない。むしろ逆だ。私は、むしろこの「すごいリーダー」というイメージ、「幻想」とでも呼ぶべきイメージこそが、リーダーシップを考える上での諸悪の根源だと考える。だからこそ、あえてこんな議論をもち出している。

確かにリーダーはすごい。けれども、すごさを知り、そこに着目すればするほど、リーダーシップは特別な人が発揮するものであって、自分には無理という受け止め方になってしまう。リーダーシップなんて自分には関係がない、興味もわかない。リーダーシップなんてつまらない……。「すごいリーダー幻想」は、私たちをリーダーシップから一気に遠ざける負の力をもっているのだ。

かく言う私自身が以前はそうだった。「すごいリーダーシップ」が語られれば語られるほど、自分から遠くなっていくのを感じた。二十代半ばのサラリーマン時代にも、三十歳前後に自分の行く末について悩み、生き方に悶々《もんもん》としていた頃も、リーダーシップは自分にとって程遠いものだった。その後、偶然にも研究者になってからも、リーダーシップは自分とはまったく無縁のものだった。とてもじゃないが、自分などリーダーの器ではない、ピリオド。

三十代後半から、海外のビジネススクールでMBAやエグゼクティブを相手に教え始めてからも、そして今でさえも、研究者のリーダーシップ論にはあまり興味がわかない。もちろん、リーダーシップ論は知っているに越したことはないだろう。損にはならないし、むしろ得ばかりだろう。しかし、研究者である金井さんには大変申し訳ないのだが、リーダーの定義、資質や機能を分析、考察しても、多くが伝わってこない。偉人の業績や生き方には感動するし、畏敬の念も覚えるが、そこから引き出された第三者的な説明や理論づけを聞いても、どうもピンとこない。感情をかきたてられないし、心が動かない。それどころか、ますますリーダーシップが自分の手のひらから、ポロリとこぼれ落ちてしまうような違和感を抱いてしまう。

研究者による研究を非難するために議論しているわけではない。研究者は、研究者としての信念と良心に基づき、訓練と経験によって裏付けられた洞察力と手法を最大限駆使して、リーダーシップというものを明らかにしようとしている。けれども、そこには何かが抜けているような気がしてならない。

人類史全体の中で、そして私たちの生きる時代と社会において、あまりに重要な役割を演ずるリーダー。それを解明せんとするリーダーシップ論。そうしたとらえ方や研究はなぜ、私の心に響かなかったのか。

リーダーの登場を期待する声は、マスメディア、数多《あまた》の企業や行政組織、コミュニティなど社会のあらゆるところから聞こえてくる。そうした声はこの数年、年々高まっているようにも思う。では、なぜ、心に響かないリーダーシップ論と巷《ちまた》で熱いリーダー待望論というギャップが歴然として存在するのだろうか。私たちは真の意味でのリーダーシップと生身で向かい合い、その本質を理解しようとしているのだろうか。リーダーシップを心から必要としているのだろうか。こんな疑問を議論の出発点にしたい。

プロセスからリーダーシップを解き明かしてみる－野田－

NPO法人という社会活動を主宰し、もはや自分を研究者とは恥ずかしくて呼べない私だが、研究者としてのもともとの専門はリーダーシップ論ではなく、戦略経営論だった。それもマイケル・ポーター流の戦略分析論ではなく、不確実性や人間や組織のもつ非合理性を勘案し、戦略が策定され同時に実現されていくプロセス（過程）に研究の主眼を置く、戦略プロセス論だった。

研究者として植え付けられた遺伝子の働きなのか、はたまた個人の単なる性向なのか、私には、物事をプロセスでとらえようとする傾向がある。リーダーシップについて言うと、「すごいリーダー」というものの存在、あるいは、リーダーがつくり出した「すごい結果」を追うのではなく、その人がなぜ、結果としてすごいリーダーと呼ばれるような存在になったのか、何がリーダーをリーダーたらしめたのか、リーダーが第一歩を踏み出した原動力は何で、その歩みの継続を支えたものは何かを問う。これが、ＩＳＬでリーダーシップ塾を始める前後から、私が一貫して意識してきた視点であり、この本で議論を展開するにあたっての視点でもある。そして、このプロセスの視点こそ、ともすれば手からポロリとこぼれ落ちてしまいがちなリーダーシップ論を、現実的で身近なものとするために不可欠だと考える。

例えば、「すごいリーダー幻想」の一つの形にカリスマ論がある。「(すごい) リーダーすなわちカリスマである」という説明だ。これもあながち間違ってはいない。結果的には、すごいリーダーはカリスマとしてのチャーム（魅力）を備えているように思う。でも、すごいリーダーは本当に最初からカリスマだったのだろうか。オギャーと生まれた瞬間からカリスマだった人を残念ながら私は知らない。

そうであるならば、多くの人と同じ時代に生まれ、同じ環境に育った一人の人間が、他と違って、なぜカリスマになったのか。「リーダー＝カリスマ」と言われると、めげてしまう普通の人間である私でも、そのプロセスにはたまらなく興味をそそられるし、自分の人生にとって何か意味がありそうな気がする。

では、リーダーシップをプロセスでとらえると、「すごいリーダー幻想」の代わりに何が見えてくるだろうか。

私が最も重要であると考え、この本で強調したいのは、リーダーを目指してリーダーになった人はいないということだ。当たり前のことのように思われるかもしれないが、私にはとても不思議なことに思えてならない。

対比のために、会社の社長を考えてみよう。もちろん社長の中には「すごいリーダー」もいる。それまで存在しなかった事業を考え出し、会社を成長させるとともに、社会に影響をもたらすような社長や、破綻寸前の企業を建て直し、業績を急回復させるような社長には、間違いなくリーダーの要素がある。だが、一般的には、社長という地位自体はあくまでも組織内のポジションにすぎない。

社長というポジションを目指し、思い通りにその座をつかんだという人の話なら、偶然の例かもしれないが、私は聞いたことがある。つまり、社長になろうと思ってなった人はいるということだ。だが、リーダーになろうと思ってなった人の例を私は聞いたことがない。そうではなく、この世界に生まれ、すべての人が見るのと同じ景色を見て暮らしながら、多くの人とは違う何かを感じ取って行動を起こした人が、行動を続けるプロセスでリーダーと呼ばれるようになるのではないだろうか。

この点を分かりやすく説明するため、この本ではリーダーシップを「旅」にたとえながら話を進めていく。旅の隠喩《いんゆ》は、リーダーシップをとらえるプロセスの視点とオーバーラップするものだからだ。

リーダーシップは「見えないもの」を見る旅だ。ある人が、「見えないもの」、つまり現在、現実には存在せず、多くの人がビジョンや理想と呼ぶようなものを見る、もしくは見ようとする。そして、その人は実現に向けて行動を起こす。世の中ではよく、リーダーはついてくる人（フォロワー）を率いる、リーダーシップはフォロワーを前提とするなどと言われるが、私はそうは思わない。旅はたった一人で始まる。

フォロワーは旅の途中で現れる。リーダーと出会い、一緒に旅をする。しかも、この時点で、しばしばリーダーは自分のリーダーシップには気づかない。見たいものを見、やりたいことをやり、自身が描く目標に向かって歩いているだけで、自分がリーダーシップを発揮していることは意識しない。リーダーとフォロワーが、実現したい何かに向かって、ともに旅という時間と空間を過ごすプロセスで、お互いの間には一種の共振関係が生じる。決して一方的な関係ではなく、相互の影響がそこにはある。その中で、リーダーが見る「見えないもの」がフォロワーにも共感され、いつしかフォロワーの目にも「見えないもの」が見え始める。そんなリーダーの行動がフォロワーに向けて醸し出す「フェロモン」と、フォロワーがリーダーに感じる賞賛によって、リーダーシップは結果として成立する。リーダーは、リーダーになろうと思ってなったわけではなく、「結果として」リーダーに「なる」のだ。

そう考えてみると、リーダーシップは一部の限られた人の問題ではなくなる。研究者の間では、リーダーシップは先天的なものか後天的なものかといった議論が繰り返されてきたが、そんな〝神学論争〟にあまり意味はないのだと思う。

確かにリーダーシップには生まれつきの要素が一部あるかもしれない。だが、リーダーシップの要素のうち、多くは後天的に身につくものであり、リーダーは環境によって成長して、リーダーになる。私事で恥ずかしいが、今はリーダーシップ塾を主宰している私のことを、中学高校時代の恩師が聞きつけ、「あの面白くもなかった彼が?・」とびっくりしておられたと聞く。無理もない。子供の頃の私は目立たなくて、社会性も協調性もないガリ勉タイプだったからだ。NPOを立ち上げるといって、大変多くの人が集まって共感してくれた時、私自身が驚いた。たぶん、うちの親や妹たちはもっと驚いたことだろう。

研究者はとかく統計や確率でものを語る。リーダーシップをめぐってもサンプルを集め、統計をまとめれば、生まれつきの要因を導き出すことは不可能ではないのだろう。科学がもっと進歩したら、人のDNAを調べて、その人がリーダーになれる確率をはじき出せるようになるかもしれない。しかし、そのことにどんな意味があるのだろうか。

私たちは、統計や確率によって生きるわけではない。客観数字が存在するとしても、それによって示されるデータはあくまでも参考情報であり、統計に逆らってでも、行動したければ行動するのが人間というものだ。たとえ成功の確率が三分の一しかなくても、前に進む時は進む。環境に恵まれなければ克服しようとし、才能が足りなければ必死に努力する。そうした個々の物語を懸命に生きることで満足感を得る。その副産物として、うまくいく確率が変わることもありうるだろう。一〇〇％先天的とだれかが断言しない限り、リーダーシップはすべての人の前に選択肢として広がっている。

人は意志によって自らの旅を歩む存在であり、自ら確率を変え、その結果自らが変わりうる存在なのだから。

私たちの眼前に広がる旅―野田―

プロセスから物事を見ようとするのは私の習癖だが、リーダーシップをプロセス論の観点から本格的にとらえるようになったのは、一九九九年のある出来事がきっかけだった。その頃の私は、リーダーシップについての明確な整理ができていなかった。にもかかわらず、南アフリカで開かれた企業変革をテーマとした経営幹部向けのセミナーで、不用意にも冒頭の質問を出席者に投げかけたのだ。

「皆さんはリーダーと聞いて、どんな人をイメージされますか?」

すると、未だ三十代と思《おぼ》しき白人男性が立ち上がって答えた。

「天安門広場で戦車を止めようとして一人で立ちはだかった、名も知れぬ若い中国人の男性」(正確には、彼は "an unknown young man in front of tanks in Tiananmen square" と英語で言った)。

それまでの他の出席者からの回答は、「すごいリーダー」のオンパレードだったので、一瞬私はわけが分からなくなった。だが、数秒して、一九八九年の天安門事件を伝えたニュース映像が頭に浮かんできた。世界中の多くの人が知っている白いシャツを着た一人の中国の男性、戦車の前に立つあの青年の背中に、リーダーシップの原点が現れていると、その白人出席者は感じていたのだ。

何と説明したらいいかよく分からないが、その時私は、自分の中でのリーダーシップへのもやもや感が、急速に晴れていくのを感じていた。世間一般で、あの中国人をリーダーと思っている人はあまりいないのではないだろうか。彼のその後の行方は、あの時あの広場で命を落としたと思われる多くの学生たちと同様、不明のままだし、普通の人は、彼の素朴とも言える無謀さを馬鹿にするかもしれない。青年は決してリーダーになろうと思って戦車の前に立ったわけでもないだろう。戦車をただ止めようとしただけだ。しかし、事件の映像を見た人の心には、あの姿がまざまざと残っている。少なくとも、その白人エグゼクティブのように、名も知らぬ彼に共感を覚え、彼をリーダーだと感じている人がいる。

あの青年はきっと特別な人間でも、エリートでもないだろう。自分が戦車を止めることで実現されること、その何かを見てみたいと思い、たった一人で足を踏み出したに違いない。「他の人が見ない何かを見てみたい」という意志をもつあらゆる人の前に、リーダーシップへの道が開けていることを、彼の行動は示しているのではないか。そんな気がしてならない。

リンカーンやＪＦＫではなく、戦車の前に一人で立つ中国人青年にリーダー像を重ねてみると、「すごいリーダー」という幻想からの脱却が可能となってくる。胸に何かがこみ上げてきて、涙腺が刺激され、心が揺り動かされ、リーダーシップが自分にとって関係のないものではなくなっていく。

皆さんに「戦車の前に立ちましょう」と呼びかけているわけではない。「私ならあの青年のように戦車の前に立てます」と宣言するつもりも毛頭ない。しかし、あの映像は、「あの中国人のとった行動が私自身にとってどういう意味をもつのか」という問いを自らに投げかける。彼に命をかけても止めたいと思わせたのがあの戦車だったとしたら、中国人でもなく、天安門事件にも遭遇しない日本人である私にとっての戦車とは何なのか。止めてまで見たいと思っているもの、実現したいことは何なのか。私は自ら身体を張って、私自身の戦車の前に立ちふさがろうと思っているのか。パソコンにしまい込んである映像を見る度に、そんなことを心に問い続けている。

リーダー養成の重要性と、それを語る空虚さ―野田―

この本において、私はリーダーシップの身につけ方について、あれこれ読者の皆さんに話すつもりもなければ、その立場にもいない。リーダーシップは人それぞれの生き方の問題であり、先生が学生に演壇から教授するものでも、先輩が後輩にお説教のように語るものでもない。ましてや、評論家がテレビで知ったかぶりにコメントするものでもない。それは、一人一人の人間が自分自身の人生の中に発見するものだと思う。

もちろん、リーダーの条件、リーダーシップの要素といったものは現実に存在し、それを事後的に分析し、語ることはできるだろう。だが、それらの多くは後付けされたものだ。リーダーシップには、目標を設定して成長に向けて励《はげ》むという側面がないわけではないが、それ以上に私はこの本で、リーダーは「結果としてなる」ものだと強調したい。リーダーはリーダーになろうと思ってリーダーになるのではなく、行動の積み重ねの結果としてリーダーになるのだ。

ただし、困ったことに、私の場合、現在はリーダーシップの塾を主宰しており、傍目《はため》から見れば教育者でもある。周囲から期待されるミッションは、リーダーを教え育てることなのかもしれないし、自分自身も説明に困ってついつい「リーダーシップ養成」「リーダーを育てる」といった言い方をしてしまうことがある。それでも、正直に言うと、リーダーシップとは果たして、私を含めて第三者によって養成できるものだろうか、という疑念を常に抱えている。人が「結果としてリーダーになる」ような行動を自ら選択する上での環境を提供することと、そのためのきっかけをつくり出すこと、「結果としてリーダーになる」可能性をできるだけ上げることはできると思う。しかし、リーダーシップを「教える」「伝授する」などとは口が裂けても言うつもりはないし、「リーダーシップを開発する」といったややマイルドな言い方にさえ大きな違和感を覚えてしまう。

したがって、この本は、手っ取り早くリーダーシップを身につけたい、手っ取り早くリーダーを育てたいと思っている読者の方々には、あまり参考にならないかもしれない。そうではなく、自分自身が何かを実現したい、「見えないもの」を見たい、そのために行動したいと漠然とでも思っている人にとっては、何か得ていただけるところがあるのではないかと思う。さらには、「リーダーシップと言われても、興味がわかないし、わくわくしないんだよな」と感じている人がいるとしたら、そんな人にこそお役にたてるのではないかと思う。繰り返しになるが、私も昔そうだった。この本を通じて、リーダーシップは自分の手の届かない場所にあるものではないのだと一人でも多くの人に分かってもらえたら、それにまさる悦びはない。

組織行動論の中心トピック ―金井―

比較的最近までリーダーシップに興味がなかった野田さんと違い、私は二十代半ばからずっとリーダーシップを研究してきた。ただし、時代の変動期に現われるカリスマや企業の社長、CEO（最高経営責任者）のリーダーシップではなく、ミドルと呼ばれる人たちのリーダーシップを研究対象としてきた。トップ一人に大きく依拠する組織は脆弱だというのが私の基本的な考え方であり、人生半ばのミドルになる頃、リーダーシップが一つの選択肢として存在することに興味をもってきた。

野田さんが、少しだけ、戦略論の中にプロセス学派があることをPRされたが、まだ辞めずに大学にいる人間として、したがってまだ少しは研究者のアイデンティティをもっている人間として、自分の専門分野の宣伝をちょっとだけさせてほしい。

私が専門とする組織行動論は、「組織の中の人間行動（human behavior in organization）」を扱う学問で、通常のMBAプログラムでは初年度の最初の学期で必修となる。長たらしいので、科目名としては「組織行動（Organizational Behavior）」と呼ぶのが普通だ。OBと略されることも多い。

組織行動というと、環境の中での「全体としての組織」の行動を指すようにも聞こえるが、「組織というコンテクストにおける人間」を念頭に、個人としての、チームメンバーとしての、組織成員としての、また、組織と組織の間を紡ぐ存在としての人間の行動を扱う。分析の単位は、個人、集団、組織、組織間のレベルに及ぶし、例えば、キャリアのような一見ミクロなトピックも、ひいては天下国家レベルでの国の元気、勢いにまでかかわってくる。そういう意味では、マクロへの含みをもっているが、基軸となる焦点は、いつも一人一人の個人だ。

OBの三大トピックは、モティベーションとキャリアとリーダーシップだと私は思っているが、中でもリーダーシップはこれら三領域を関連づけながら議論する上での要《かなめ》となる。理論的にも実践的にも最も重要なトピックと位置付けられてきたし、研究も多い。基礎学問分野の研究も含めると、「最も多く研究され、分かっていることの最も少ない領域(the most studied and the least understood area)」とも言われる。別分野を研究する経営学者からは「ふわふわしている」と指摘されがちな領域でもある。

リーダーには実像があるけれども、リーダーシップという影響力過程そのものには形がない。手にとって触ることもできない。ルイス・ポンディーはこの分野を批判的に検討した論文で“Leadership is a language game”と表現した。リーダーシップは「言語ゲーム」である という(哲学者ヴィットゲンシュタインまで行き着くような)深い意味合いと、リーダーシップ研究がしばしば陥ってしまう「言葉遊び」を「ランゲージ・ゲーム」という一言に掛けたのだ。また、言葉で語ること、物語を紡ぐことがリーダーシップという意味でも、言語の遊戯と言える。

偉人伝では語り切れないリーダーシップ―金井―

企業のミドル層を対象にした研修や講演で、私はまず参加者に「あなたにリーダーシップはありますか」と尋ねることにしている。お国柄のせいか、屈託なく挙手する人はまずいない。「ちょっぴりあると思いますか」と問い直すと、今度は一斉に手が挙がる。おそらく、そこで手を挙げないと恥ずかしいからだろう。

どのような人を「すごいリーダー」だと思うか、どうしてその人を「すごいリーダー」だと思うのかという問いかけもよくする。この世界に生きている一人一人が、自分としてはどのような理由でだれを「すごいリーダー」とみなしているのかを探るのは、普通の人がもつ素朴なリーダーシップ論を探る第一歩として意味があるし、リーダーシップの奥行きを垣間《かいま》見《み》させるのにはいいと思っているからだ。

ただし、野田さんが批判するように「すごいリーダー幻想」によって、多くの人が自分には「リーダーになるという選択肢がない」と思ってしまうとしたら、確かに問題だ。「あなたにリーダーシップはありますか」と問われて手を挙げられないのも、往々にしてカリスマ的人物を思い浮かべ、自分とは縁遠いと考えてしまうためだろう。リーダーシップにいったん入門すると上には上がいるという意味で、よりスケールの大きいリーダーについて知ることは意味がある。「小さくまとまっている場合ではない」と自分を鼓舞するためなら、偉人伝にふれるのもいい。けれども、そういう人を思い浮かべて、自分にはリーダーシップはおぼつかないと考えてしまったのでは残念だ。

私も、リーダーシップは特別な人だけの問題ではなく、「だれもの問題」だと考えている。実は、その気になってみれば、そこかしこにリーダーシップの萌芽的形態は見られる。だれかが何かを叫び、語り、権力や権限や仕組みゆえにではなく、その人の語るのを聞いて、人が一人でも二人でも喜んでついてくれれば、そこにリーダーシップは存在し始めている。

例えば、五人の子供が公園に集まり、何をして遊ぶかを話し合ったとしよう。そのうちの一人が最近よそでおぼえた缶蹴りを提案し、四人にルールを教えて遊びが始まった。その結果、五人がわくわくするようなひと時を過ごせたら、言い出しっぺの子は、ささやかだが、純然たるリーダーシップを経験したことになる。あるいは、ある人を中心にグループで旅行をし、メンバーが「この旅では、あいつの描く通りの行程でついていってよかったなぁ」と言う時、そこにも純粋なリーダーシップがある。

ポイントは権力や権限や仕組みで人を動かすのではないという点だ。だから、天安門広場で、何のフォーマルな力も武器ももたない青年が、危険を顧みずに、スピリットとアクションにおいて立ち上がり、それに喜んでついてくる人々がいたら、それは、リーダーシップの瞬間の例としてはまことに適切だ。「リーダーとは？」という問いに対し、この青年をイメージすると言った人物の感性はとてもすばらしいと聞いていて思った。

野田さんの言う「見えないものを見る」に当たるリーダーシップのエッセンスを、私は「大きな絵を描く」と表現してきた。リーダーシップの門をいったんくぐったら卒業はなく、成長の段階によって、描く絵の大きさや質は変わっていく。ヤマト運輸の社長だった小倉昌男氏が宅配便事業を構想した時、彼はほかの人には見えないものを見て、絵に描こうとしたのだし、マハトマ・ガンジーや宗教改革のマルティン・ルターの描いた絵となると、何千万、数億という人々を巻き込み、国や世界を変えた。

しかし、「リーダーは偉人である」と言ってしまうと、つい生まれつきの要因ばかりに目がいってしまう。リーダーシップで生まれつきの要因を無視してはいけないけれども、そこに注目しすぎるといくつかの点で問題があると私も思う。

第一に、生まれつきの要因だけでは、矛盾する発見事実が多すぎる。体格は生まれつきだが、大柄な人だけがリーダーに向いているわけではない。戦闘活動において速攻の場面では小柄な人の方が大柄な人よりも敏捷に動けるかもしれない。ごくごく分かりやすい例を挙げるなら、弁慶は巨漢だったけれども、牛若丸（源義経）は小柄だった。言うまでもなく、源平合戦における源氏の総大将は義経だった。

第二に、個人的資質のうち性格などは必ずしも可視的とは限らない。フォロワーがリーダーに見てとるのは生まれつきの資質ではなく、行動だ。リーダーにとって明るい性格は大事だが、ここぞという場面で明るく振る舞うことの方がもっと大事なのだ。もちろん、もともと性格的に明るいリーダーの方がそういう行動はとりやすいのだろうけれど、人が喜んでついていくようなリーダーは、辛い時こそ、皆を元気づけるために前向きに振る舞っているはずだ。

第三に、生まれつきで決まりだというなら、実践的に面白くない。世の中に「リーダーシップの星」の下に生まれついた人と、遺伝子にリーダーシップのかけらもないという人がいるのなら、リーダーシップについて学ぶ意味は半減する。しかし、生まれつきの資質でなく、行動なら学べる。プラグマティズムを大切に思う視点に立つならば、偉人の資質を云々《うんぬん》するよりも、発想や行動から学ぶ方がはるかに有意義だ。

第四に、リーダーシップをより広い視野で考察すると、偉人が時代をつくるという側面と、時代が偉人を生み出す面があることが分かる。私たちは「すごいリーダー」の人となりばかりを見るのではなく、その人が生きた時空間をしっかりととらえる必要がある。

研究者としての違和感―金井―

研究者である私自身がリーダーシップ論に対して抱いている違和感についてもふれておきたい。

まず、なぜ研究者だけが理論をつくり出すのかということだ。小倉昌男氏は、ご自身のリーダーシップのあり方がうかがえるような自著『小倉昌男　経営学』（日経ＢＰ社、一九九九年）を残した。また、松下電器産業の創業者松下幸之助氏には、そのものズバリ『指導者の条件』（ＰＨＰ研究所、一九七五年）というタイトルの著書がある。リーダーシップにまつわる知恵を多数の原理・原則の形で、しかも平易な言葉で述べた点において、松下氏の右に出る人はいない。

優れた経営者の言葉を「理論」とは呼ばないかもしれないが、それらはリーダーシップの達人による「持論」だ。これを語るのは、高度で良質な言語ゲームだ。このように実践から内省を通じて原理原則を引き出せる人のことを内省的実践家と呼ぶ。この分野を研究する身として私は、学者の「理論」よりは実践家の「持論」を引き出すような調査をしなければと思ってきたし、リーダーがくぐってきた経験をたどる重要性を強調したい。

それから、リーダーシップは実践するものであって、知識を増やすだけでは意味がない。その意味では、野田さんの語りは、彼自身が実践家であるだけに迫力を帯びている。「リーダーになろうと目指す」のではなく、「リーダーは結果としてなるものだ」という指摘は至言であり、かの碩学《せきがく》W・ベニスが書名としてさりげなく *On Becoming A Leader*（芝山幹郎訳『リーダーになる』新潮文庫、一九九二年）と名づけたのはビューティフルだ。

とかく研究者は、質問票を設計し、リーダーの行動を測定する大量データによるサーベイを重視しがちだが、個の物語にももっと目を向ける必要がある。と同時に、リーダーシップを旅にたとえるなら、フォロワーの視点から目をそらすことはできない。我々の役割は、リーダーがどんな行動をした時にフォロワーが喜んでついてくるかを分析し、教材やヒントの形で提供することだと思う。人材について開発というのは必ずしも言葉としては適切ではないが、リーダーシップ論は必ず開発論を伴うべきだと私は考えている。

その上で、私は常日頃から、リーダーシップの理論や持論を「鑑賞するように読まないで」と言っている。リーダーシップに興味がある人には、本書の対論の中からも、自分が納得できる要素を見つけ出し、身につけるような努力をしてほしい。

本来は、このことだけで一冊の本がいるくらいだが、箇条書きすれば、

① 行動や発想なら学べる
② 学ぶならば、座学より経験を通じて、経験と接合して学ぶのがいい
③ しかし、役立つ理論があると信じて
④ 研究から出た理論と実践家の持論を基に
⑤ 最終的には自分なりの持論をもとうとすることが大切だ

「リーダーシップ開発」に対する野田さんの違和感は、私にもよく分かる。反省を込めて言えば、リーダーシップを「身につける」と表現するのはかなりうかつで、「開発する」はなお分が悪い。ただ、私があえて言葉の綾としてでも「身につける」と言いたいのは、リーダーになれたかもしれない人が、なれないままで終わっているとしたら、非常にもったいないと感じるからだ。私が「リーダーシップ開発・育成」という用語を使う場合は、人々にリーダーシップを「論」として知ってもらうだけでなく、「行《ぎょう》」として実践、発揮できるように

刺激や機会を与えるあらゆる試みを指している。

もちろん、リーダーシップの旅は楽ではないし、怖い道のりでもある。そのことは明示的に伝えておくべきかもしれない。しかし、①から⑤までを踏まえていれば、少しは歩みを進めやすくなるし、基軸がぶれない。読者の皆さんが企業人なら企業人として、一歩を踏み出す恐怖に背を向けず、自分の持ち味と経営資源を社会に役立てるような絵を描いていく。そんなプロセスは、自分らしさを出す生き方にもつながっていくはずだ。

野田さんはもともとリーダーシップに興味をもっていなかったからこそ、今では日本にいるほかのだれよりも、このテーマについて熱い。既存の見方にはかなり手厳しくもある。私としては今回の議論を通じて、野田さんの話をしっかりと受け止めながら、リーダーシップのあり方について通常以上に深く、そしてはるかに実践的な観点から、読者の皆さんとともに考える機会をつくり出せたことを喜んでいる。


リーダーシップほど、期待と幻滅に満ちた概念はない。その根本の原因が、巷間《こうかん》にあふれる「すごいリーダー幻想」だ。一部の選ばれた「すごいリーダー」が、ビジョンを示し、

フォロワーを引きつれ、すばらしい何かを成し遂げる。本当にそうだろうか。プロセス（過程）の視点から考えた場合、それはきわめて疑わしい。

社長になろうと思って社長になった人はいても、リーダーになろうと思ってリーダーになった人はいない。リーダーは自らの行動の中で、結果としてリーダーになる。初めからフォロワーがいるのではなく、「結果としてリーダーになる」プロセスにおいて、フォロワーが現れる。

リーダーシップは、本を読んで修得するものでも、だれかから教わるものでもない。それは、私たち一人一人が、自分の生き方の中に発見するものだ。リーダーシップはだれの前にも広がっている。「すごいリーダー幻想」から脱却し、こぼれ落ちそうだったリーダーシップというものを再び手の中に、自らの生きる選択肢としてとらえること。すべてはそこから始まる。

何かを見たいという気持ちがあれば、可能性は無限に膨らむ。自らが選択し、行動することで、人は結果としてリーダーと呼ばれるのだ。

第一章　リーダーシップの旅

鬼退治に出かけた桃太郎を憶えていますか。

桃太郎はいつリーダーになったのでしょうか。

桃太郎は、リーダーになるプロセスにおいて、何を感じ、何を見て、どんなことと出会い、結果として何が起こったのでしょうか。

キング牧師や日産再建の立役者カルロス・ゴーンCEOは、どのようにしてリーダーになったのか、あなたはイメージできるでしょうか。どんなふうにイメージしますか。

あなたが描くそのイメージは、何かを実現したいと思うあなた自身にとって、どんな意味をもっていますか。

なぜ、旅なのか－野田－

リーダーシップに関する様々な誤解と悲劇の原点は、「すごいリーダー幻想」にある。そして、この幻想から脱却するためには、プロセスの視点をもつことが有効である。これが序章で述べた私の議論の出発点だ。

幻想が私たちを不必要に戸惑わせるのは、それが「後付け」に彩られているからだ。

では「後付け」とは何か。そのどこが問題なのか。そこから説明してみたい。

読者の皆さんは「コア・コンピタンス（core competence）」という言葉をご存知だろうか。一九九〇年代、欧米のビジネススクールのクラスルームでは、一日に五回ぐらい耳にした言葉で、ひと頃は日本でも一世を風靡《ふうび》した。それは、他社には真似のできない、その企業ならではの中核となる経営資源の蓄積具合や組織能力を意味し、「新事業展開にあたっては、コア・コンピタンスを梃子《てこ》にすべきだ」といったふうに用いられる。この概念をミシガン大学のC・K・プラハラードと一緒につくったゲーリー・ハメルは、ロンドン大学での私のかつての同僚だった。

コア・コンピタンスは、戦略経営論において経営資源アプローチという新しい分野を切り拓くきっかけとなった概念だが、問題点も多い。その一番は、成功した企業については「あの会社には、かくかくしかじかのコア・コンピタンスがある」と分析し評価することはできても、何がコア・コンピタンスなのかは、その企業が成功するまで分からないことだ。だから、成功した企業がなぜ成功したのかを考える時には有効な概念ではあるが、どんなコア・コンピタンスをもっていれば、どのように成功するのかを予測するには、たちまち無力なものとなる。

ストラテジック・マネジメント・ソサエティ（SMS）という戦略経営の研究者・実務家の学会で、ゲーリー・ハメルがスピーカーを務めるセッションがあった時のこと。出席者の一人が「一体、コア・コンピタンスとは何なのか」とゲーリーに問い質《ただ》した。ゲーリーは答える代わりに、「今からコイン投げのゲームをしよう」と笑って答えた。ゲーリーがコインをトスし、百人ほどの出席者全員で、ゲーリーの拳《こぶし》の中に納まったコインが表向きか裏向きかを予想する。一回ごとの勝負で、当たった人は立ったまま、外れた人は次々に着席していく。立った人が半分になり、四分の一になり、どんどん減っていく。何回コインが投じられたのか、私の記憶は定かでないが、最後にすべてのトスで表裏を当て続けた一人が勝ち残った。

ゲーリーはおもむろに彼に手を差し伸べて言った。「おめでとう。あなたにはコイン投げのコア・コンピタンスがある」と。

この場合のコア・コンピタンスをリーダーシップに置き換えれば、私が後付けの理論に差し挟む疑問が、読者に伝わりやすいのではないだろうか。

たぶん、ゲーリーには、コア・コンピタンスの意味を尋ねた質問者を煙に巻こうという気はなく、自分たちの研究を自嘲するつもりもなかったろう。ゲーリーはマイケル・ポーター同様、戦略分析論の研究者であり、成功事例を説明できること、その成功の要因を抽出し分析できること、分析からより一般的な枠組みを導き出すことに主眼を置いていた。たとえ後付けであっても、戦略がなぜ成功したのかを理解し、同様な局面において成功の複製を願う人たちに対して、ガイドラインとなる枠組みを提示することが大切だと考えるからだ。

後付けの分析に意味がないわけではない。だが、後付けが金科玉条のようにもてはやされることには虚しさが伴う。すべての成功事例は成功してから華々しく紹介される。そこに取って付けたような戦略分析論が出てきて、成功の要因が分析、説明される。しかし、成功までのプロセスが解明されなければ、成功の複製を願う人にとっても不十分ではないか。これが、かつての私のようなプロセス論者の主張であり、戦略分析か、戦略プロセスか、という研究論争が長い間続いてきた背景となっている。

私から見ると、「すごいリーダーシップ」という概念は、コア・コンピタンス同様、後付けの側面が払拭されていない。後付けの説明、分析、議論はしばしば誤解を引き起こし、偉人伝同様、またしてもリーダーシップを私たちから遠ざけてしまう。そんな状況を超えるためには、プロセス、そして旅の視点で、リーダーシップをとらえることが何より有効ではないのか。こう私は考える。

旅から帰還し、結果としてリーダーになる―金井―

「リーダーシップの旅」は、私たち二人がこの本で広く問いたいと思っている考え方の一つだ。野田さんがかねがね強調する通り、リーダーは、なろうと思ってリーダーになるのではなく、旅の結果、帰還、生還した時に結果としてリーダーになる。

読者の皆さんには、桃太郎はなぜ鬼ヶ島に渡ったかを考えてみてほしい。桃太郎は、ただ冒険好きだったのか、英雄になりたかったのか、イヌ・サル・キジを束ねるポジションに就きたかったのか。いずれも違う。桃太郎は、自分を育ててくれたお爺さん・お婆さんのもとを離れ、鬼退治をやってみようと一人で決断した。そしてイヌ・サル・キジと出会い、彼らのフォローを得て鬼を退治し、宝物を手に入れて故郷に戻った。

ガンジーもリーダーになろうと思ってインドの独立に尽くしたのではない。インド独立への旅を歩きおおせたことが、彼を英雄にしてリーダーにしていった。

マーティン・L・キング牧師はガンジーの影響を受けていたが、そのキング牧師ですら、公民権（市民権）運動の中で最初から強力にリーダーシップをとったわけではなかった。またとれる筋合いのものでもなかった。中年の黒人女性教師ローザ・ルイーズ・パークスが肌の色を理由にバスの席を譲るように言われ、拒絶したため逮捕までされるという事件が起きた時、キング牧師はその仕打ちに抗議するため、バス・ボイコットを呼びかけた。その夜、キング牧師は心配のあまり眠れず、翌日、だれもバスに乗っていない様子を妻のコレッタとともに確かめに行ったほどだった。その意味では、運動がキング牧師をつくっていったのだし、ついてきたフォロワーとの相互作用からリーダーシップという影響力が生まれたと見る方が自然だ。

野田さんの言う通り、すべてのリーダーシップには後付けの要素がある。桃太郎にせよ、日産のカルロス・ゴーンCEOにせよ、あるいは電灯事業を展開した発明王エジソンやマルティン・ルターにしても、何事かを成し遂げ、結果を残した時に、後付けとしてリーダーシップが帰属されている。

後付けには、確かにちょっと胡散臭《うさんくさ》いところがある。歴史の検証を長くへた場合には、後付けのリーダーシップでも揺らぐことはもはやないが、さらに先で起きてくること、例えば、日産が販売不振からまた不調になったりすれば、「ゴーン・マジックはまやかしではなかったのか」と言い出す人もきっと出てくるに違いない。

しかし、私自身は、後付けや後知恵による説明のすべてを捨て去るべきではないと考えている。フォロワーたちが口をそろえて、「うまくいったのは、キング牧師のおかげだ」と思っているのなら、そしてそれが病的な共同幻想ではなく、実際にリーダーによる意味のある活動が観察され、その人にリーダーシップが帰属されるのが自律した個人にとっても合理的だとも思われるのなら、リーダーシップに後付けの要素があるとしても、そのすべてがまやかしというわけではない（同じことが、コア・コンピタンスの概念にもあてはまる――偶然への後付けだけでなく、経営者が戦略的な意図をもって築き上げるコア・コンピタンスもあるから）。

リーダーシップの帰属理論は、ワシントン大学のT・R・ミッチェルや、さらにさかのぼればノースウェスタン大学（該当する論文の発表当時）のB・J・コールダーによって構築された。リーダーの言動を見たフォロワーが、その言動と成果につながりを見出し、成果がリーダーのおかげだと感じ始めた時、リーダーたる人物に、フォロワーたちと相互接触する場におけるリーダーシップが帰属されるという考え方だ。

この説では、リーダーシップはリーダーの中に存在するというよりも、リーダーとフォロワーの間に生じる社会的現象であり、ダイナミックなプロセスだ。リーダーの言動を見て、フォロワーの大半がそれをどのように意味づけるかというプロセスの中に、リーダーシップは存在する。リーダーの影響力が行使されるには、フォロワーが「喜んでついてくる」ことが不可欠の条件となる。そう考えると、少し変な言い方になるが、リーダーシップはかなりの程度、フォロワーの側にあるとも言える。

ならば、フォロワーはリーダーの何に引かれてついていくのだろうか。J・クーゼスとB・ポスナーは主に米国人を対象に「どのような人をすばらしいリーダーだと思うか」を調査し、賞賛に値するリーダーの特徴として、やはり後付けかもしれないが、「正直な(honest)」「前向きの(forward-looking)」「わくわくさせてくれる(inspiring)」「有能な(competent)」といった形容詞を抽出した。これらのキーワードと野田さんが序章で言及した「フェロモン」とは一致するのだろうか。

一人称で語るリーダーシップ―野田―

桃太郎の話が出たが、こうした物語の重要なポイントは、英雄が旅に出るのではなく、旅に出てから英雄になるということだ。桃太郎は「鬼ヶ島へ鬼退治に」という目標をもっていたが、旅の始まりではまだ英雄ではなかった。英雄譚《たん》の主人公はしばしば目標すら明確でないまま、たまたま森の中に迷い込んだり、何者かに導かれたりして歩き出す。そして、様々な苦難と出会い、試練に耐えて偉業を成し遂げ、英雄と呼ばれる。

リーダーシップの旅も同様だ。旅は自分が大切にしている宝物を探すために始まるのであり、その時点ではだれもまだリーダーではない。

リーダーシップの旅は、「リード・ザ・セルフ（自らをリードする）」を起点とし、「リード・ザ・ピープル（人々をリードする）」、さらには「リード・ザ・ソサエティ（社会をリードする）」へと段階を踏んで変化していく。この流れをリーダーの成長プロセス、言い換えれば、リーダーが「結果として（すごい）リーダーになる」プロセスと見なせば、リーダーシップをさらに動態的にとらえることが可能になるだろう。

三つの段階はそれぞれリーダー自身の一人称による語り、フォロワーによるリーダーへの帰属、社会による公認という三つの側面から説明できるだろう。しかし、ここで注意が必要だ。よくあるリーダーシップ論は、リード・ザ・ピープルとリード・ザ・ソサエティという旅の途中からの段階に目を奪われすぎているからだ。これでは、リーダーの行動や資質がフォロワーや社会の視点による三人称だけで語られてしまう。人や社会に影響を与える「すごい人」に求められる「すごい」資質や行動は何だろうかという具合で、結局は「すごいリーダー幻想」への後戻りとなってしまう。多くの人にとって、リーダーシップ論が心に響かないもの、自分と関係のない他人事になってしまう理由は、それが、フォロワーや社会からの三人称の視点で語られることにあるのではないかと思う。

私は、リーダーシップは三人称ではなく、一人称で語るべきものだと考える。また、リーダーシップの素である「フェロモン」は、能力やスキルではなく、人が自分自身の魂を磨く旅をする時にほかの人を感動させる何かだと思う。クーゼスとポスナーが挙げたいくつかの形容詞は、私が言うフェロモンの〝匂い〟をよく表している。しかし、あえてもう一歩突っ込んで言うと、より重要なのは、そのような形容詞で第三者的にリーダーシップを要素分解することではなく、自分がそのように生きたいかどうかではないだろうか。

リーダーシップの旅を、一人称で自分に引きつけて考えてみる。その出発点となるリード・ザ・セルフをより具体的に想像する。その視点が何よりも重要だ。そのために、読者の皆さんには、こんなイメージを頭に浮かべてもらえないだろうか。

私たちは、深く暗い森の中にある村の住民だ。村のはずれには不気味な沼地がどこまでも広がっていて、周囲を暗い森が囲んでいる。村には昔から言い伝えがあって、私たちは「この沼を渡るな、この沼を渡って戻ってきた者はいない」と聞かされて育ってきた。たまに、好奇心あふれる青年が沼地に足を気まぐれに入れてみるが、気持ち悪さからすぐに引っ込めてしまう。

しかし、村で暮らすあなたには、何か抑えきれない気持ちがある。遠く目を凝らすと、沼と森の果てに、ほのかな光が見えるような気がするのだ。森の向こう側には、豊かな草原と青い空が広がっているのではないか。もし、そこに住むことができれば、どんなにすばらしいだろう。青い空の下に広がる草原で寝っ転がる自分を想像しただけで心が弾む。青い空を自分の目で見たい。年老いた両親にもぜひ見せてやりたい。そう思って、あなたは沼に一歩を踏み入れる。水は冷たく、よどむ泥がその深さを隠し、周囲の闇が身体を包む。不安や恐怖が頭をかすめ、思わず身がすくむが、それでも、沼を渡り森を抜けたい、青い空を見たい見せてやりたい、と思う気持ちがあなたに歩みを続けさせる。これが自分をリードするというリード・ザ・セルフだ。

リード・ザ・セルフを駆り立てるものは、人それぞれだ。夢や大望、情熱という場合が一般的に期待されるケースかもしれないが、そればかりではないだろう。焦燥感、野心であることもあれば、自分自身に規律をはめるプロフェッショナリズムの場合もあるかもしれない。いずれの場合も、リード・ザ・セルフの力の源になるのは、何のために行動するのか、何のために生きるのかについての自分なりの納得感のある答えだ。心の中で自分自身が「吹っ切れる」ことが行動と継続を支える、と言えば分かりやすいだろうか。

リーダーシップの旅、すなわち、前人未踏の沼地を渡ったり、現状を大きく変えたり、何かを新しくつくり出したりするような挑戦は、リスクや不確実性を伴う。着手は容易でなく、時には周到な準備や事前の訓練も必要とされるだろう。しかし、本当に必要なのは、旅に出たいと思うかどうかだ。

旅に出たいかどうかを、私たちはまず「頭」で考える。頭では出たいと思っていて、人に聞かれれば、自分は旅に出たいとも答えるのに、なかなか一歩が踏み出せないことがある。それは「心」が旅に出ることを渇望していないからだ。

「頭」と「心」を一致させること、旅に出ることが大事だと考え、頭の中でできると信じ、心の中でもどうしてもやりたいと感じること。そういう「吹っ切れ」がなければ、リーダーシップの旅は始められない。

このようにリーダーを突き動かすもの、走り出させるものについて、前出のW・ベニスは、「リーダーは内なる声（inner voice）を聴く」と表現した。内なる声を聴くことは、自分の存在価値を問う作業でもある。自分とは一体何なのか。何のために存在し、何を大切に思っているかを自身の胸に深く問いかけなくてはならない。でなければ、旅を始めたと思っても、沼地に一歩足をつけた途端に、脅えて足を引っ込めてしまうことになる。三人称のフォロワーによる帰属でもなく、社会による公認でもない、一人称で、自分が「見えないもの」を見たいと頭で考え、心の底から願う気持ち。これこそがリーダーシップのプロセスを理解する上で最も重要だと考える。

旅・偉業・生還－金井－

英雄の話が出たので、読者の皆さんのために少し説明を加えておこう。リーダーシップを旅になぞらえる時、野田さんと私がいつも念頭に置く書籍がいくつかある。随時、紹介していこうと思うが、そのうちの一冊が神話学者ジョゼフ・キャンベルの『千の顔をもつ英雄』(平田武靖・浅輪幸夫監訳、人文書院、一九八四年）だ。英雄譚は、色んな国、色んな文化、色んな時代に、一見すると多種多様なものが多数存在する。しかしキャンベルは、国、文化、時代が違っても、英雄譚の骨子は、「旅」「偉業」「生還」という三つの構成要素において、基本の筋は共通だとする大胆な主張を、彼一流の博識に任せて行った。あたかも同じ人物が顔だけを変えて、千通りもの異なる英雄物語に登場しているかのごとくだとキャンベルは言う。

キャンベルによると、英雄は初めから英雄なのではなく、旅に出て何事かを成し遂げて生還する。生還した旅人が英雄になる。つまり、桃太郎も、鬼を退治しなければ英雄にならなかったし、鬼を退治しても故郷に帰ってこなかったら、やはり英雄にはならなかった。鬼ヶ島に鬼退治に行き、風の便りでは鬼退治をしたらしいけど、そのあと帰ってこないね。何をしているんだろう——という状態では英雄にならない。旅で成し遂げたことをだれかに語りつつ、宝物を手に「日本一」というのぼりを掲げて凱旋するから、英雄になる。

ちなみに映画『スター・ウォーズ』では、キャンベルの信奉者だったジョージ・ルーカス監督が、英雄をこの三要素で描いた。例えば第三作（エピソード6）の『リターン・オブ・ザ・ジェダイ』は文字通り英雄の「生還」に当たる。

このような英雄像をリーダーに置き換えれば、野田さんと私が「結果としてリーダーになる」という意味が伝わりやすいと思う。英雄が結果としてなるものであるのと同様に、リーダーも旅に出て、フォロワーとともに何事かを成し遂げて凱旋した時に、結果としてリーダーと呼ばれるようになるのだ。

自分の夢がみんなの夢になる－野田－

吹っ切れたリーダーは、フォロワーを導くのではなく、巻き込んでいく。沼を渡ろうと決断するのは自分一人だが、やがてリーダーの背中を見て、人がついてくる。この「振り返ると人がついていきていた経験」が、リード・ザ・セルフからリード・ザ・ピープルへの橋渡しとなる。

読者の皆さんは、映画『フォレスト・ガンプ――一期一会』を憶えているだろうか。トム・ハンクス演じる主人公ガンプは、恋人ジェニーに失恋し、走り始める。たった一人で延々、黙々と走っていると、そのうち「一緒に走っていいかい。何か走る理由があるんだろう」と言って、後からついてくる男が現れる。ガンプが何年間もかかってアメリカ大陸を往復するうちに、ふと後ろを振り向くと、大勢の人たちがついてきていた。

私は、リーダーシップの旅のイメージを説明する際に、この印象的なシーンをしばしば引用する。ガンプがリーダーだと主張するためではない。リード・ザ・セルフから出発する旅におけるフォロワーの役割を示すためだ。リーダーにはコミュニケーションのうまさや先見性など、ある程度の能力や資質が求められる。けれども、リーダーシップの本質は、そのような能力や資質にあるのではなく、リーダーがリード・ザ・セルフによって行動する際に発するエネルギーにこそある。「背中を見てついていく」「言葉ではなく背中で語る」といった言い回しがあるように、時にはリスクを冒してまで行動しようとする人の背中に、フォロワーはエネルギーを感じ、自発的についていこうと思う。

沼地のたとえに戻せば、「吹っ切れた」あなたが沼の中に歩みを進め、三分の一ほど進んでから後ろを振り返ると、暗い森の中の村から、一人、二人、三人と、恐る恐る沼に足を入れ、後をついてくる仲間がいる。そんなイメージだ。仲間はあなたにエネルギーを感じ、あなたは、彼（女）らがついてきてくれることに勇気と喜びをもらい、責任感を覚え始めながら、先頭に立って歩み続ける。沼を渡るためには、仲間からもらう精神的な心強さが欠かせないだけでなく、時には仲間と力を合わせることが必要となるだろう。その時、リード・ザ・セルフのあなたは、リード・ザ・ピープルのあなたへと成長し、あなたとフォロワーの間に少しずつ協働が生まれるのだ。

私が尊敬してやまない一人の中国人女性を紹介したい。その人の名を張麗玲《ちようれいれい》さんという。張さんは女優として北京で活動した後、一九八九年、二十二歳で、「あいうえお」も分からないまま日本に自費留学し、大学・大学院で学んだ。卒業後は大倉商事の食料部に普通のOLとして勤めていたが、来日時に成田空港で見た風景がどうしても忘れられなかったという。

自分と同世代の中国人たちが、不安と期待を胸に、見知らぬ異国の土地を踏む。皿洗いなどのバイトをしながら苦しい留学生活を送り、必死で学んでいる。その姿を記録に残し、本土の同胞に見てもらいたいと張さんは思った。たとえ歴史の流れの中のほんの一コマであっても、必ず何らかの意味がある。そんな思いが彼女の頭を離れなくなり、とうとう二十回シリーズのドキュメント番組を中国で放送するというとてつもない夢を抱いて、自主制作を決意する。

制作にあたり、張さんは日本の各放送局に企画をもち込んで、撮影用のカメラを貸してほしいと協力をあおいだ。だが、元女優とは言え、番組制作についてはまったくの素人だ。手元資金もほとんどなく、スタッフも張さんの妹と中国人の友人の二人だけだった。放送のプロたちからは「素人スタッフと低予算でできるはずがない」「常識を超えている」と断られ続けたという。

最後の最後に、フジテレビの心意気あるプロデューサーが、張さん自身を追うドキュメントを制作することを条件にカメラを貸してくれた。と言っても、彼女の本業はＯＬで、取材は平日の夜と週末・祝日にしかできなかった。家族・親戚から借り集めた資金も毎日の取材で減っていった。中国本土で番組を放送できるあてもまったくなかった。あまりにも荒唐無稽とも言うべき行動だが、張さんの真摯《しんし》な姿勢は次第に人々を引きつけ始める。ミニバンの運転手、カメラマン、ビデオ編集者がボランティアで力を貸すようになり、さらには大倉商事の課長、専務までが支援の手を差し伸べた。応援の輪が広がり、作品は長い年月をかけて、実質的に日中合作の形でつくり上げられていく。

完成した作品は、九九年に中国全土で放送され、大反響を巻き起こした。そのうち三本『小さな留学生』『若者たち』『私の太陽』は日本でも放送され、話題を呼んだ。張さん自身を七年間にわたってフジテレビが撮った『中国からの贈りもの』をテレビで観た読者もいるのではないだろうか。二〇〇六年には、張さんがドキュメンタリーの卒業作品と呼ぶ『泣きながら生きて』も放映されている。

リーダーがフォロワーを動かし、フォロワーがついてきてくれる重みによってリーダーがその思いを強め、高めていく。これがリーダーシップの共振現象だ。張さんの思いは、日本にいる同胞の姿を映像に収め、中国に伝えたいというものだった。その思いの強さから、彼女はたった一人で旅を始め、その思いの強さゆえに、彼女は「振り返ると人がついてきていた経験」をする。そしてその後は、自らが先頭に立ちながらも、同時にフォロワーの存在自体に影響を受けていった。

撮影が続く中、彼女は過労や睡眠不足と闘い、勤務先の倒産など過酷な状況にも見舞われた。それでも応援してくれる人たちのためにと、自分を鼓舞し、己の肉体に鞭打つような日々を送るのだが、その姿がまた賛同を呼び、支援者の数が増えていく。増した重みを受け止めることによって、彼女はさらに、自分の思いを高めていったのだ。

ハーバード・ビジネススクール教授でインド人のニティン・ノーリアと数年前に、雑誌の特集で対談した。私にとってニティンは、ハーバードの博士課程での指導教官の一人であり、その後ロンドン・ビジネススクールで、ともに国際経営の教鞭をとった同僚でもあった。

対談でニティンが語った「偉大なリーダーとは、自分の夢を皆の夢であるかのように言い換えられる人だ」という言葉が思い出される。当時、自分はそんなふうにリーダーシップをとらえたことがなかっただけに、なかなかすごい見方をするなあと改めて感心させられたものだ。

リーダーはリーダーシップの旅を歩む中で、フォロワーの共感を呼び起こす。自分の夢が周囲の人たちに伝播《でんぱ》し、やがてその夢は彼らの夢となる。周囲のみんなが、リーダーが見る「見えないもの」を見ようとして、自発的に動き始める。張麗玲さんのケースでは、ドキュメンタリー番組を作りたいという張さんの当初の夢は、日本と中国の橋渡しになりたいという夢へと昇華されていき、張さんを応援する人々の夢と重なっていった。

このように、リード・ザ・ピープルの段階が成熟するにつれて、主体（リーダー）と客体（フォロワー）の夢は一体化していく。そうなるともはや、リーダーとフォロワーのどちらの夢であったのかすら判別がつかなくなる。フォロワーがその夢をあたかも自分の夢のように語るからだ。金井さんは、リーダーシップはリーダーとフォロワーの間に起きる社会的現象だと述べた。私が、同じことをリーダーとフォロワーの間に起きる「共振現象」だとあえて強調するのは、夢がシンクロナイズ（同期化）していくこのプロセスにとりわけ着目しているからだ。

キング牧師が見た夢、描いた絵 ―金井―

野田さんが強調する一人称単数で語りつつ、結果において大勢の人々がついてきたリーダーシップ現象に関しては、格好の例をキング牧師に見ることができる。一九六三年八月二十八日、キング牧師が「仕事と自由のためのワシントン大行進」の演説で繰り返したあまりにも有名なフレーズ、「アイ・ハブ・ア・ドリーム（私には夢がある）」のリフレインだ。

（前略）わたしには夢がある。いつの日かジョージアの赤土の丘の上で、かつての奴隷の子孫とかつての奴隷主の子孫が、兄弟愛のテーブルに仲良く座ることができるようになるという夢が。

わたしには夢がある。今、不正義と抑圧の炎熱に焼かれているミシシッピー州でさえ、自由と正義のオアシスに生まれ変わるだろうという夢が。

わたしには夢がある（「そうだ」）（拍手）今は小さなわたしの四人の子供たちが、いつの日か肌の色ではなく内なる人格で評価される国に住めるようになるという夢が（「わが主よ！」）。わたしには夢がある（拍手）。

わたしには夢がある。悪意ある人種差別主義者や、「介入」とか「無効化」という言葉で唇をぬらしている州知事がいるアラバマ州でさえ（「そうだ」）、いつの日か、幼い黒人の少年少女が、幼い白人の少年少女と手に手をとって姉妹兄弟となることができるという夢が。わたしには今日、夢がある（拍手）。

（中略）これがわれわれの希望なのだ。これを信じてわたしは南部に帰っていく。これを信じれば、われわれは絶望の山から希望の石を切り出すことができる（「そうだ」）。（中略）そしてもし、アメリカが偉大な国家になるべきであるのなら、このことが実現しなけ

ればならない。(後略)(C・カーソン、K・シェパード編/梶原寿監訳『私には夢がある

——M・L・キング説教・講演集』新教出版社、二〇〇三年)

二〇〇六年夏、私は、アトランタで開かれたアメリカ経営学会に出席した。その機会を生かして、キング牧師の生家も訪ねることができた。文書資料、写真、映像、生家を含む街並みを見ながら、私はこの社会運動家のことを想った。

あの演説でキング牧師は聴衆に向かって「私には……」と力強く夢を語った。「我々には……」と複数形にせず、「南部キリスト教指導者会議(SCLC)は……」と三人称を用いたりもしなかった。「夢を見て下さい」と聴衆に呼びかけるのではなく、「見なさい」と煽動もしなかった。決定的な場面で、リーダー自らが発する一人称の言葉は、強烈なパワーを発揮する。だからこそ、あの演説は人々の心を打ったのだと思う。

それに、もし、あの時、キング牧師が「我々の夢」と語っていれば、「黒人だけの夢」と受け取られる可能性もあっただろう。あえて「私には」と一人称を使うことで、キング牧師は黒人だけでなく、白人にとっても理想の社会を描いた。

結果において、キング牧師の夢は、ワシントン大行進に喜んでついてきたフォロワーたち

も含め「我々の夢（our dream）」になった。それはアメリカがよりよい国であるために、あるべき姿を展望する夢であり、国を越えて世界中の子供たちや将来の世代のために表明した夢（世代継承的な夢、generative dream）でもあった。

「リード・ザ・セルフ」で目覚め、旅が始まり、「リード・ザ・ピープル」で「我々」というレベルの夢を抱き、そして、野田さんの言う「リード・ザ・ソサエティ（社会をリードする）」という段階になると、この世界に、そして次世代のために、意味のあるものを残すという世代継承性（generativity）のテーマが見えてくる。この流れをリーダーの成長・発達の動態的なプロセスと見る野田さんの視点と大いに重なってくるところだ。

では、キング牧師の演説を聴き、行進に参加した人たちは、リーダーのどんな魅力によって、その歩み、フォロワーとしての旅の第一歩が、自分たちにもプラスになっていると確信できたのか。その魅力は、生まれつき備わったものもあるだろうが、決してそれだけではない。行動や経験、持ち味を含むリーダーのトータルな魅力が、野田さんの言う「フェロモン」の成分なのだろう。

この演説について、もう一言だけ付け加えるならば、「いつの日かジョージアの赤土の丘の上で……」以降のくだりは、まるで一枚の絵そのものだ。キング牧師は公民権（シビル・

ライト）という抽象的な単語を演説のこのくだりでは一度も使うことなく、自分たちが求めている権利の内容を描いて見せた。この絵によって、約二十万の聴衆とその場にいなかったもっと多くの人たちが「見えないもの」を見た。

ダンスフロアで踊り、バルコニーに立つ－金井－

大きな絵（ビッグ・ピクチャー）を描いたり、「見えないもの」を見たりする人は、時として常人の目には不気味に映る。そしてリーダーシップには必ずリスクがつきまとう。

ペンシルバニア大学のR・J・ハウスはアメリカの歴代大統領の就任演説をつぶさに分析し、大統領をカリスマタイプとそうでないタイプに分類した。それによると、カリスマ型の大統領には二つの特徴があることが分かった。再選率の高さと暗殺される率の高さだ。

政治・行政の世界でのリーダーシップを研究したハーバード大学ケネディ・スクールのR・ハイフェッツの言葉だが、リーダーはダンスフロアで踊ることもあるし、バルコニーにも立たなければならない。バルコニーという皆が見えて、皆から見られる場所で、リーダーは大きな絵を描き、高い志をつくり出す。そして、現場で何が本当に起こっているのかを共感的に知るために自らダンスフロアに下り、実際の人々の動きから、どこに焦点を合わせて注意を喚起すべきかを知り、絵の実現のためにどのような道筋をたどるべきかについての優先順位とシナリオを策定する。

バルコニーに立っている間、リーダーは銃弾を浴びる危険にもさらされている。現にリンカーンもケネディも、ガンジーもキング牧師も暗殺された。ジャンヌ・ダルクは宗教裁判の結果、処刑されたし、あるいはジョン・レノンも凶弾に倒れた。野田さんの表現を借りるなら、深さの知れない沼地を先頭を切って歩くということは、凶弾にさらされていなくとも、歩みそのものに危険がある。リーダーシップの旅はきれいごとばかりでなく、危うさに満ちている。

「リーダーはなりたいと思ってなれるものか」という野田さんの問いは、リーダーシップの旅を歩む限り、だれでも出会う何らかの困難にもかかわっている。この点についても、野田さんの考えに耳を傾けたい。

リーダーシップの本質を包み隠す組織 ―野田―

リーダーは成功するから旅を歩むのではない。そう私は思う。たとえ成功しなくても見たいものがあり、実現できるはずだと信じて、旅に出る。天安門広場で戦車の前に立ちふさがった中国人青年の姿が、悲劇的な意味で象徴的だ。行く先には、恐怖、悲しみ、絶望、挫折が待っているかもしれない。でも、ほかでは得られないような達成感や満足感、充足感を得られるかもしれない。また、周囲にとっては絶望、挫折でしかなくても、旅を歩む本人にとっては本望の場合だってあるだろう。

不安と不確実性の中を、リスクを負って前へと進んでいくのがリーダーシップの旅だ。リーダーが成し遂げようとすることが大きければ大きいほど、「見えないもの」は現状とは大きくかけ離れたものである可能性が高い。「見えないもの」を実現する過程では、現状への安住に快適さやノスタルジーを感じる人たち、古い価値観にとらわれた人たち、既得権益にすがる人たちとの間で摩擦や軋轢《あつれき》が生じ、激しい抵抗や反発を受けることもあるだろう。その意味で、金井さんの言われるように、リーダーシップの旅は、きれいごとばかりではなく、危うさに満ちている。

さて、ここまで、旅のメタファーでリーダーシップを議論してきたが、このようなリーダーシップの理解は読者の皆さんにとってなじみが薄いかもしれない。あるいは、私たちが普段、会社や組織で目にしたり、「リーダー」と呼んだりしているリーダーと、「見えないもの」を見て、フォロワーとの共振現象の中から、結果としてリーダーになっていくリーダー像が、容易に合致しないような印象を受けられるかもしれない。

私自身、多くの組織人を対象にリーダーシップ塾をやっているから、組織におけるリーダーシップのあり方を日々考える立場にいる。しかし、リーダーシップという現象を組織の中で純粋な形で認識したり、組織論の枠組みで語るのは難しく、ともすれば頭が混乱することがある。それは、指揮・命令・管理系統をもつ組織には肩書やポジションがあり、肩書やポジションから派生する権威を使いながら、人と接し物事を成し遂げていく側面があるからだ。組織におけるリーダーシップのあり方と、内なる声を聴きリード・ザ・セルフを起点に始まっていくリーダーシップのあり方をどのように整理して説明するのか、この点が重要となる。

組織に満ちあふれる取引的《トランザクショナル》リーダー ―金井―

野田さんの問題提起に答えるためには、リーダーのタイプを分類してみることが有効だろう。

戦《いくさ》の折に馳せ参じてきたら所領を安堵するとか、アメリカの大統領選で選挙キャンペーンを後押ししてくれたらホワイトハウスに入れてやる、といった貢献と誘引を交換するリーダーを政治学者J・M・バーンズは「トランザクショナル（取引的・交換関係の）・リーダー」と名づけた。

これに対し、社会の転換期に「見えないもの」を見て、志と目指すものの崇高さゆえに、飴やムチを使わずに大変革を成し遂げた人を「トランスフォーメーショナル・リーダー」と呼ぶ。経営学者として最初にこの言葉を使ったのはミシガン大学のN・M・ティシーだった。トランスフォーメーションとは、チェンジとは異なり、がらっと根底から変わるような大変革のことをいう。

組織や企業はトランザクショナル・リーダーで満ちあふれている。でなければ、組織や企業は円滑に活動を継続させることができない。しかも、実際のところ、百年続いたような大企業であっても、本当に大きな節目はせいぜい三回か四回しか巡ってこないから、大変革のリーダーと呼べるような人は、創業者と中興の祖の二人か三人ぐらいしか現れなくても当然かもしれない。出現率は四半世紀に一人程度、それぐらい滅多に出現しない偉大なリーダーと、組織にあふれている「そこそこのリーダー」のあまりにも大きな隔たりが、組織論の枠組みでリーダーシップを語ることを困難にしているのだと思う。

実は、その隔たりを埋められる概念が別にある。それは「ささやかだけれども、トランザクショナルでない」リーダーだ。トランスフォーメーショナルというほど大げさではないけれども、しかし、相手をえさや報酬で釣るようなことはしないという意味で、トランザクショナルではない。

　そんなリーダーがいるのかと不審に思う読者がいたら、対談の冒頭に挙げた缶蹴りを仲間に教えた子供の話を思い出してほしい。その子は交換関係やヒエラルキーを利用せずに新しい遊びを提案し、他の子に「見えないもの」を見せた。トランザクショナルではない純度の高いリーダーの典型だ。

　あるいは、学校の運動部などで、特に望んでキャプテンになったわけでない人が、メンバーの信頼を得て部の成績を上げ、部の体質を見事に変えたとしよう。彼もしくは彼女は大変革を成し遂げてはいないが、トランザクショナルでないリーダーシップを発揮したことになるだろう。

　前出のR・J・ハウスはリーダーを「自然発生的《エマージェント》なリーダー（emergent leader）」「選挙で選ばれたリーダー（elected leader）」「任命されたリーダー（appointed leader）」の三タイプに分け、リーダーシップの議論が紛糾しているのは、これらが峻別されてこなかったからだと指摘した。

「ささやかだけれども、トランザクショナルでない」リーダーは、一番目の「自然発生的な

「リーダー」に当たる。自然とリーダーが生まれたプロセスに着目すれば、「エマージェント」という言葉がそのままキーワードになる。「緊急時の」とも訳せるし、「創発的」と表現する研究者もいる。

例えば、火災発生などの緊急時に、バケツリレーを仕切る人が自然に現れた場合が、まさにエマージェント・リーダーの登場だ。その人には役職も肩書もない。あるのは、みんなとともに火事をくい止めなければという思いであり、目的は火を消すことだけだ。無事に消火できれば、他の人から賞賛されるかもしれないが、だれかにほめられたいから火を消すわけではない。

二番目の「選挙で選ばれたリーダー」は市長、知事、国会議員などだ。選挙の時、私たちは立候補者の公約を読んだり聞いたりし、複数の候補を比較した上で投票する。候補者は当選の瞬間までは、わりと純粋なリーダーなのだが、当選後すぐに役職に就く。つまりリーダーシップの発揮が期待される人物かどうかの信任が投票によって問われているものの、リーダーになればポストを伴う。

また、この種のリーダーが十分に純粋と言い切れないのは、全員がその人に投票したわけではないからだ。真価が問われるのは当選後であり、選ばれただけでリーダーシップが自動的に帰属されるわけではない。

経営学で扱うリーダーは三番目の「任命されたリーダー」が圧倒的に多い。企業トップも株主総会で選ばれるという意味では信任をへていないわけではないが、実質的には前任者から任命されて社長になると言ってかまわないだろう。社長や本部長クラスから部長、課長といった管理職に至るまで、彼らはいずれも任命によってリーダーシップを期待される職務に就く。実際にはフォーマルな権限を手にしているのだが、本人はリーダーシップを発揮しているという勘違いに陥りやすい。

例えば、会社では「強面《こわもて》の名物部長」と呼ばれたのに、自治会の会合に出てみると、どうもさえなかったという人がいたら、その人はトランザクショナル・リーダーか任命されたリーダーにすぎなかったと反省した方がいい。「町内の祭りとなれば、みんなあの八百屋の親父の言うことを自然と聞くんだよな」という状態であれば、自然発生的リーダーは八百屋の店主ということになる。

トランザクショナル・リーダー、任命されたリーダーをひと括りにして分かりやすく表現すれば、「地位に基づく影響力も時にはあるいはかなり利用しているリーダー」ということになる。組織論の枠組みで語られるリーダーシップの誤解はここから生じるわけだ。

エマージェント・リーダーから問い直す―野田―

金井さんの言う通り、エマージェント・リーダーを理念型としてリーダーシップの本質を問い直すと、組織論が引き起こすミスリーディングが見えやすくなる。エマージェント・リーダーはなろうと思ってなるものではないし、その人とフォロワーの間で起こる共振現象の源は、教育や開発で会得できるとは限らない。

エマージェントという言葉が含む「場面」のニュアンスも重要だと思う。私がリーダーシップはすべての人の前に選択肢として広がっていると思うのも、エマージェント・リーダーを基本として見ているからにほかならない。

リーダーには時代の変曲点を感じ取る力が必要となるが、その際に挑むタスクがあらかじめ与えられているとは限らない。火事の時のバケツリレーはタスクが与えられているケースだが、リーダーのより大きな役割は、自らタスクをつくり出すことだ。状況に反応するのではなく、時代の流れを感じながら行動する。例えは非常に悪いが、火事を消すのではなく、場合によっては自ら火を熾《おこ》すことがリーダーの役割になる。

私は、任命されたリーダー、選挙で選ばれたリーダーを否定するつもりはまったくない。

組織で生きる私たちは、三類型のうちの二つ、もしくはすべてを同時に背負っていたり、あるいは、意識するしないにかかわらず、場面・局面において演じ分けている可能性もあるだろう。初めはエマージェント・リーダーであっても、リード・ザ・セルフがリード・ザ・ピープルに移行し始めると、リーダーとフォロワーの間で、擬似的な、またはより正式な組織関係が発生する可能性が高い。リーダーとフォロワーの間での協働と、それに伴う役割分担が生じる場合はなおさらだ。その際、エマージェント・リーダーは、選挙で選ばれたリーダーや任命されたリーダーとしての顔を併せもつことになるだろう。

ただ、リーダーシップの本質を自分に引きつけて理解するためには、ハウスが指摘するような三類型の区別を踏まえながらも、エマージェント・リーダーを基本に発想していくことが何よりも重要だと私は考える。その上で、任命されたリーダーや選挙で選ばれたリーダーの行動を考察すると、世の中でリーダーシップと呼ばれている現象が、より分かりやすい形で見えてくるのではないだろうか。

——リーダーは旅に出て、苦難に出会いながらも何事かを成し遂げて、生還し、結果としてリーダーになる。

重要なポイントは、リーダーは旅に出るまではリーダーではなかったということだ。リーダーとは、フォロワーを導く人ではなく、振り返ると人がついてくる人のことをいう。フォロワーも、命令による強制や報酬のためでなく、自律的に自ら進んで旅をともにするという点を見逃さないようにしたい。喜んで自らついてくるフォロワーが、リーダーの行動を承認することによって生じる帰属がリーダーシップであり、それはリーダーとフォロワーの間に起こる共振現象でもある。

人をリーダーシップへと駆り立てるのは、私たち一人一人が「内なる声」に突き動かされて、「見えないもの」を見ようとする意志だ。だが、組織論で語られるリーダーシップは、時にミスリーディングな印象を私たちに与える。

リーダーシップを旅としてとらえるため、この本ではエマージェント・リーダー（自然発生的なリーダー）の概念を基本に置いて議論を進める。それにより、リーダーシップの本質はより明確になってくる。だれもの問題としての、自らが選択する生き方としてのリーダーシップの旅が目の前に広がっていることに、私たちは気づくはずだ。

第二章　なぜリーダーシップが必要なのか

あなたは、なぜ、社長についていくのでしょうか。

あなたの上司は、あなたにとって、リーダーですか、それともマネジャーですか。

リーダーシップとマネジメントはどう違うと思いますか。自分ならどう説明しますか。

今なぜ、多くの組織や社会において、リーダーシップが求められているのでしょうか。

あなたが組織の中でリーダーシップを発揮するにあたって、必要となるものは何でしょうか。


なぜ、部下は社長や上司についてくるのか ―野田―


この本の読者には、企業を経営する社長の方がおられるかもしれない。

そんな読者の皆さんに質問が一つある。朝、オフィスに行ったら、社員や職員が一人も来ていなかった――。こんな風景を想像されたことがあるだろうか。だれ一人いない、机と椅子だけが並ぶがらんとしたオフィス。こうした事態を夢に見て、うなされたことはあるだろうか。社長をしていれば、多くの重責を負う。寝汗をかくような経験は何度もしているに違いない。だが、社員や職員が一人も出勤しないという光景は、ベンチャー立ち上げの不安定な時期や、倒産直前などの危機的状況を除けば、あまり想像されないのではないだろうか。

なぜ、こんな質問をするのか。実はこれは、私が時々うなされる悪夢だからだ。私たちのリーダーシップ塾はＮＰＯ法人として活動している。ＮＰＯという活動は、ノン・プロフィット（非営利）に特段の意味があるのではなく、理念や志を同じくする、個々人のボランティアによる協働に、よりその本質がある。個の協働と言うと聞こえはいいが、人の善意、ボランティアによる運営ほど大変なものはないと思うこともある。一言で言うと、必ずしもあてにできないのだ。代表である私は、理事会を開くにせよ、運営のための会議をするにせよ、そのほか様々な集まりを催す場合にも、一体どのぐらいの人々が会に参加し、運営を手伝ってくれるのか、正直なところ気が気でない。

学生時代、試験で答案用紙に一言も書けなかったという惨憺《さんたん》たる悪夢にうなされたことが何度もあるが、法人の代表となった今は、せっかく張り切って準備した会に、理事や会員がだれも来てくれないのではないかと心配になり、夜、眠れないことがある。スタッフたちとワインを片手に和気あいあいと議論していても、青くさく日本の未来を語り合っていても、来月の今頃はどうなっているだろうと、ふと不安がよぎる。ボランティアと言えば頼もしくもあるけれど、彼ら、彼女らには毎回、会に参加したりする必然などないからだ。

何もNPO法人の代表だけが、こうした不安にさいなまれるわけではないだろう。政治の世界でなら、選挙中の候補者は街頭演説に聴衆が何人集まってくれるか、心配で仕方がないに違いない。政治資金パーティの集客状況についても、支持者との様々なコミュニケーションにおいても、同様のおそれを感じているはずだ。

町おこしを志すコミュニティ起業家も同じだろう。商店街を歩き回り、商店主を一人一人説得し、会合やイベントを周到入念に企画したとしても、果たして当日どのくらいの人数が集まってくれるだろうかと不安にかられることだろう。

社長に悩みがないなどと言っているわけではないが、彼（女）らの多くは、とりわけ大企業のトップであれば、部下や職員たちが、明日もオフィスに出勤してくれるだろうか、自分についてくるだろうかと不安に襲われたりすることは比較的少ないのではないだろうか。

見方を変えれば、なぜ、社員たち、職員たち、部下たちは毎日、オフィスに来るのだろう。パート社員でもアルバイトでもそうだ。決められた出勤日にはちゃんとオフィスや店にやってくる。もっと不思議なことに、世の中の会社員は入社一日目から会社の方針に全面的に従う。上司の指示はきちんと守るし、社長のお呼びがかかれば、途中で仕事を放り出してでも駆けつける。必ずしも納得できない指示や、雇用契約の根幹に属さない指示にでも結構従ってしまうように映る。一体なぜだろう。

話が少しずれてしまうかもしれないが、この従順さは、近代以降の教育の普及と関係があるのかもしれない。企業の入社式を見ると、真新しいスーツに身を固めた新入社員たちが緊張した面持ちで着席して、トップの訓示を神妙に聞いている。「起立！」と号令がかかれば、反射的に立ち上がり、「礼！」と言われれば、間髪入れずにお辞儀をする。時代が変わっても、家庭や学校での教育を通じて、私たちは一定の良識と従順さを身につけてしまっている。

教育を受けた私たちの姿勢や態度は、ヒエラルキー、つまり序列化された秩序がある組織におけるリーダーシップの存在を、非常に分かりにくくさせる。人々はあまりに従順か、それとも従順を装うのが巧みなため、何が理由で組織の長に従っているのかが見えづらいのだ。だから社長の目からは、部下がついてくるのが当たり前のように思え、「明日も来てくれるだろうか」と悩まされることがなくなってしまうのではないだろうか。

トップの落とし穴 ― 野田 ―

ストレートな物言いを許していただくと、部下は、組織の中でトップと呼ばれる人に「喜んで」「自発的に」ついてきているのでは必ずしもない。その証拠に、部下は、正社員であれ、パートやアルバイトであれ、退職すると、次の日から会社に来なくなる。辞める日までは毎日出勤して、あれほど従順に指示に従っていたのに、辞めた日を境に、多くの場合、二度とオフィスに現れない。また、社員たち、職員たちが昼休み、あるいは仕事帰りに赤提灯で、トップの悪口を言って憂さ晴らしをするのは、「人」に「喜んで」ついてきていない何よりの証拠かもしれない。

この点は、NPOや政治家の活動であっても、事務局や事務所という組織を構え、そこで雇用を発生させている場合は、基本的には同じことだ。私自身も事務局で十数名のスタッフを抱えているが、全員が出勤しないという悪夢は、立ち上げの苦しい時期を過ぎてからはあまり見なくなった（NPO代表である私にとっては、それがよいことなのかどうかは分からないが）。

一般的な会社や組織において、部下がトップについていくのは、トップがリーダーシップを発揮した結果によってではなく、ヒエラルキーによってだ。共同体・コミュニティとして機能してきた戦後の日本企業では、雇用する側とされる側の契約という意識が概して曖昧だが、それでも社員は、会社があってこそ給与が支払われ、日々の生活が成り立つのだと認識している。会社の存続には、組織としての意思決定とそのブレイクダウンとしての指示・命令系統が不可欠となるため、たいていの社員は、ヒエラルキーの最上位にいる社長の命令に従う。中には、部下たちが自発的についていっている社長も当然いるだろうが、「社長＝リーダー」というわけでは決してない。

ところで、日本で企業や組織のトップに「リーダーシップとは？」と尋ねると、「リーダーはフォロワーを束ね、ベクトルを合わせて、求められる方向に導く」といった答えがしばしば返ってくる。そうした答えに、私はリーダーシップとマネジメントの混同を感じてしまう。ヒエラルキーの中では、リーダーシップではなくマネジメントが日常的に機能する。マネジメントをあえて極端に概念化すれば、目標達成や問題解決のために手順を組み、経営資源を配分すると同時に、人員を配置し、進捗《しんちょく》を監督すること。上位に位置する人が下位に位置する人を権限で統率し、組織を統制していくことだ。

日本のトップには、組織のヒエラルキーを上り詰め、トップになったあとで初めてリーダーシップについて考える人が多い。その際には、ポジション上、率いるべき部下たちを初めから与えられている。だからフォロワーの存在を前提としてリーダーシップを論じがちなのであり、「リーダーシップとは人心掌握であり、ベクトル合わせである」といった説明が口をついて出てしまう。マネジメントの頂点に立つトップにとっては部下は部下であって、決して「喜んで」ついてくるフォロワーではない。

もちろん、トップにはポジションや権威を用いて組織を円滑に動かすことも必要だ。また、エマージェント・リーダーシップに焦点を当て、旅のプロセスからリーダーシップをとらえてみても、リーダーシップの段階によっては（旅の後半のリード・ザ・ピープル以降の段階においては）、人を束ね、進むべきベクトルを決め、率いることが大切となってくる。しかし、くどいようだが、そこばかりに目を向けると、「見えないもの」を見て、人を巻き込んで、自発的に動いてもらうという、とても大事なリーダーシップの本質、旅における前半のプロセスを見落としてしまう。

私は決してマネジメントを軽視しているわけではない。また、社長の多くは、ポジションを上り詰めただけのマネジャーであるから、リーダーシップを発揮できないと言っているわけでも無論ない。ただ、権限を伴うポジションにある人間がリーダーシップを語る時、そこには危険な落とし穴があることだけは最低限認識しておくべきだと思う。そうでないと、トップは、自分の存在を冷静に自己評価できなくなってしまうのではないか。

フォロワーの視点でリーダーシップを見る―金井―

リーダーとはリードする人、指導者は指導する人にほかならず、リーダーと言おうが、指導者と言おうが、それがリーダーシップという影響力の要だという前提がある。だれだってそう思いがちだ。

しかし、リーダーシップに限らず、およそ支配、権限などの影響力にかかわる社会現象は、指導者、支配者、権限保持者の側ではなく、フォロワーの側の視点こそが重要だと指摘した先達が存在する。

まず、大御所では、かのマックス・ヴェーバーが支配の社会学において、支配される側の心の状態から支配という現象をとらえるのがいいという考え方を提示した。世襲による伝統的支配も、合理的で没人格的な規則に基づく官僚制による支配も、さらに時代の大変革期や有事に見られるカリスマによる支配も、すべて支配される側が何を正統、正当だと思うかにかかっている。

世襲を皆が認めてくれるところがあるから、ある時代、ある地域の当該社会で世襲による支配が続く。同様に、近代になって、情実をルールによって排除するような支配のあり方に対して、支配される側がもっともだと思うことがなければ、昨今ではすっかり悪者扱いの官僚制も広まらなかったはずだ。世襲だと恣意《しい》的な命令が下ることもある。これに対し、情実の排除、安定した業務におけるルーティン業務では、多少規則にうるさくても官僚制でうまくいくと、支配される側が納得する。だからこそ、ある時代、ある場面で、官僚制が合理的な支配形態として、西欧を中心に広まった（そもそも、なぜ西欧においてのみ、支配の形式だけでなく、宗教、音楽に至るまで合理化が生じたかを説明するのがヴェーバーのライフワークだった）。

カリスマとなると、フォロワーがついてくるからこそ支配が成り立つのだというメカニズムが、最も分かりやすく立ち現れる。野田さんが「オギャーと生まれた瞬間からカリスマだった人はいない」と言ったのはその通りで、カリスマは神から賜った恩寵（divine gift）を人々に見せ、特別なことができるということを自ら証明しなくてはならない。

『旧約聖書』「出エジプト記」のモーゼを例に挙げるなら、ユダヤの民が奴隷として暮らしてきたエジプトを去り、約束の地カナンに向かって移動する旅の途上で、目の前に紅海が立ちはだかる。そこで映画『十戒』にも描かれたように、モーゼは海を真っ二つに割って見せる。この奇跡によって、ユダヤの民たちは紅海を通過する。同時に、この奇跡によって、「これはすごい！」と支配される側、この場合はモーゼの後を喜んでついていく人たちが思うからこそ、そこにカリスマによる支配が成り立つ。

カリスマとは本来、非日常的な資質だ。別の言い方をすれば、非常事態には民は奇跡を期待するが、奇跡を起こすのを常態化できないという意味で「カリスマの日常化」は難しい。平時になると奇跡を繰り返すことができず、カリスマの支配は衰退する。カリスマとて繰り返し何度も奇跡を起こせないし、人々が奇跡を待望するのは本当に困った時だけだからだ。

要するに、伝統が大事なら世襲、ルーティンの処理が肝心なら官僚制、奇跡に期待するならカリスマということになるが、いずれの場合にも支配される側のメンタリティが問われる点に注目したい。ヴェーバーの支配の社会学は、被支配者視点の支配論なのだ。

同様に、これほどスケールの大きな話ではないが、経営学の中でも、自ら経営者でもあったC・I・バーナードや、その影響を受けつつ意思決定の組織論を構築したノーベル賞受賞者H・A・サイモンは、権限受容説（acceptance theory of authority）という考え方を主張した。組織の中の成員が上司の権限の通り動くことがある場合には、権限の行使が納得のいく範囲内で行われている。その限りでは、権限を受け入れてもいいと思うから、権限が組織の中に生まれる。換言すると、受容してもいいという範囲内、つまり受容圏の中に入っている指示、命令のみが権限のあるものと見なされる。

野田さんと私はこの本の中で、権限で人を動かすマネジメントと、影響力の一形態としてのリーダーシップは違うということを強調していくが、バーナードやサイモンの見方に立つと、リーダーシップだけでなく、管理を成り立たせる権限についても、フォロワーやメンバーが喜んでそれについていくかどうかが問われる。いずれにしても、人がだれかに従うという現象を見るのだから、フォロワー視点はたいへん大切なはずだ。

リーダーシップは一体どこにあるのか。リーダーの側か、フォロワーの側か。両者の間か。フォロワー視点のこれらの学説を踏まえれば、大半のフォロワーが「この人だったらついていってもいい」と思うから潜在的なリーダーにリーダーシップが帰属される。だとすれば、リーダーシップは実はフォロワーの頭の中にあると言えないこともない。

読者の中にリーダーシップの研究に詳しい人がいたら、質問紙法によるリーダーシップ行動の測定では、どうして本人評定でなく、部下評定のデータを用いるのかを考えてみてほしい。部下がどう思っているかが大切なのだ。例えば「このグループにいてよかったと思える細かな心配りをしている」という項目に、5件法（1＝「まったくあてはまらない」から5＝「まったくその通り」）で回答してもらい、自己評定が4なのに、部下評定の平均が1とか2だったとしたら、その人が深刻に受け止めるべきは、部下には自分の配慮が十分だとは受け止められていないという点だ。

また、社内の研修などの機会で、リーダーシップの三百六十度フィードバックを受けたとしよう。ほとんどの人は部下評定に一番先に目がいくはずだ。自己評定とのズレに気づかされるので、これは辛いことだけれども、まことに自然な反応だと言える。

とは言うものの、フォロワーがリーダーのことをどう思うかの源泉は、リーダー自身の発想やそれの行動への表れにある。だから、フォロワーが頭の中で、「自分たちがうまくいっているのはこの人のおかげだ」と思う理由、最初の契機は、ほかならぬリーダーの発想や行動にある。そうした帰属の原点をフォロワーが見て、リーダーにリーダーシップを帰属していくとしたら、リーダーシップという社会現象は、リーダーとフォロワーの間の相互作用の中に存在するというのが一番適切かもしれない。

リーダーシップの不純物－金井－

おそらくリーダーシップを経営学で論じる最大の不幸は、企業というフォーマルな組織を扱っていることだろう。「不幸」というのは見えにくさ、分かりにくさについてだ。企業内のリーダーシップを考察しようとすると、たちまち困難に直面する。

まず、野田さんもすでに指摘した通り、リーダーはポジションではない。ではないが、リーダーたる人物が、あるポストを手に入れた場合、その人のリーダーシップに「何グラムかの不純物」が混じり始める。リーダーと呼ばれる人物が予算権や人事権を握った段階で、フォロワーは純粋なリーダーシップをその人に帰属させていないかもしれない。

また、企業内で、最初は多くの人が反対していたが、リーダーの行動によってそれがひっくり返り、成功したという実例はさほど多くない。このことがますますリーダーシップを見誤らせることにつながる。

ヒエラルキー状のがっしりした組織が、リーダーシップ開発に向いていないということを、大げさだが、宗教改革の時のルターで考えてみよう。カトリック教会という組織が宗教改革の旗手マルティン・ルターを育成、開発したわけではない。階層状のフォーマルな組織と相性がいいのがマネジメントだとしたら、やはりリーダーシップのはまり所は社会運動ということになる。言うまでもなく宗教改革は一国に止《とど》まらない大変動、運動だった。

社会運動を導くリーダーはフォーマルな権限をもたない。フォロワーは最初から賛成とは限らず、最初は反対、あるいは無関心だった人々の中から、徐々に「それならついていこう」という同志が増えていく。社会運動体の場合、企業や組織の上司・部下に当たる関係は、大きな団体の事務局内を除けば、存在しないのが常態だ。

こうしたリーダーシップを研究する難しさ、とりわけ経営学で扱う不幸について、自然人類学者でサルの研究をしている糸魚川直祐先生（武庫川女子大学教授、大阪大学名誉教授）に話したところ、「人間相手に何をややこしいことをやっているんですか」と笑われた。「サルのリーダーシップは単純です。先頭と中央なんです」と糸魚川先生は言われた。群れのボスは移動する時には先頭を歩き、みんながリラックスしたり、食事をする時には中央にいる。なぜ、移動の時に先頭かと言うと、旅は危険だからだろう。この話を聞いて、私はなるほどとうなずくと同時に、もしも、人間社会に、食事の時には先頭を切って食べ、移動の時には真ん中で御神輿《おみこし》に乗っているようなリーダーがいたら最悪だなと思った。

企業内でのリーダーシップを測る場合、私は「指揮系統下にいない応援団がどれだけいるか」を試金石と考えている。「後ろを振り向いたら、嫌々ではなく、喜んでついてくるフォロワーがいますか?」という問いかけによっても、リーダーシップがその場に発生しているかどうかを目に見える形で試すことができる。あくまでも、リーダーからの視点にこだわるならば、「喜んでついてくる」を「勝手についてきた」と言い直してもいい。

ガンジーの有名な「塩の行進」は、植民地インドでの製塩事業をイギリスからインド人の手に取り戻す運動として始まった。海へと歩き始めたガンジーの後ろには、長い行列が生まれることになる。が、それは「ついてこい」という命令によるものでは決してなかった。人々の「ついていきたい」という気持ちによって、勝手にフォロワーの数は膨らんでいったのだ（ガンジーに興味のある人は、ぜひともE・H・エリクソンの『ガンディーの真理1、2』（星野美賀子訳、みすず書房、二〇〇二年）を読み、併せて、英国の巨匠リチャード・アッテンボロー監督の映画『ガンジー』をご覧いただきたい）。

さて、言いたいことはお分かりだろうか。こういうスケールの大きい、しかも組織でなく運動のなかで自然発生的にリーダーになった人を見ていると、会社の中でのリーダーシップを見る時には、かなり注意がいるということだ。リーダーシップはフォロワーを前提とするのではなく、フォロワーを生み出すプロセスだ。だから、もしも企業経営者が「フォロワーがいなければ、リーダーシップは成り立たない」と言い出したら、すごく甘えた話になる。

リーダーシップとマネジメントは具体的にどう違うか ─ 野田 ─

読者の皆さんの中には、なぜ、金井さんと私が、マネジメントとリーダーシップの区別にそんなにこだわるのかと不審に思う人がいるかもしれない。学者・研究者の言葉遊びではないか、そんな批判も浴びせられそうだ。しかも、現在では環境の変化から、組織の中のマネジメントにもリーダーシップの要素がかなり必要とされるようになってきており、両者を区別することにどれほどの意味があるのかと疑問を感じる人がいてもおかしくない。

しかし、リーダーシップとマネジメントは、その役割、人とのかかわり方・影響のあり方、扱う対象・挑戦する対象がかなり異なっている。とりわけトップ自らがリーダーシップとマネジメントを履き違えてしまうと、自分のどんな部分にフォロワーが喜んでついてきているのかが分からず、落とし穴に落ちていることにトップ自身が気づかない、という事態が起きる危険性がある。したがって、やはり一度両者を峻別して考えてみることが有用だ。

それでは、リーダーシップとマネジメントの違いを、読者の皆さんならどのように説明するだろうか。私自身は、通常説明する時には、次の三点を挙げることにしている。違いを明確にするために、あえて両極端をイメージして説明してみたい。

第一点目は「見える」か「見えない」か。リーダーは「見えないもの」を見て、あるいは見ようとして、新しい世界をつくり出すのに対し、マネジャーは「見えるもの」を分析し、それらに受動的もしくは能動的に対応しながら、漸進的に問題を解決していく。戦略経営論の一番オーソドックスなフレームワークに、ＳＷＯＴ分析（企業が、内部環境における強み

〈strength〉と弱み〈weakness〉、外部環境における機会〈opportunity〉と脅威〈threat〉を見極めながら、戦略プランを決定していくというもの）があるのを読者はご存知だろうが、いくら戦略マネジャーであっても、分析対象は「見えるもの」だ。この点が、リーダーが、他の人に見えない何かを見る、見ようとしているのとは異なっている。

第二点目は、「人としての働きかけ」か「地位に基づく働きかけ」か。リーダーもマネジャーも、周囲に働きかけ、活動をつくり出していく点では同じだ。しかし、リーダーが、人々の価値観や感情に訴え、共感・共鳴を得て、賛同者・支持者のネットワークを広げていくのに対して、マネジャーは、組織の成員に対して、地位に基づく権威、権限をもって働きかける。一言で言えば、リーダーはパーソナルなパワーをよりどころとし、マネジャーはポジショナルなパワーをよりどころとする。

第三点目は、「シンクロ（同期化）する」か「モティベートする（動機づける）」か。リーダーは、人々の内在的な意欲に基づく自発的な行動を誘発し、同じ方向へ向かって歩みをともにするが、マネジャーは、飴とムチを使って人々の行動を管理（コントロール）し、ある方向へと向かわせようとする。つまりリーダーシップとは、リーダーとフォロワーの間でそれぞれの夢がシンクロナイズしていく過程であり、その中でリーダーの夢が全員の夢へと昇華されていく。これに対して、マネジャーの原点には、人を動機づけてその行動を変えていくという側面がある。

リーダーが挑むものとは ―野田―

リーダーシップとマネジメントのこうした違いは、なぜ生まれるのだろうか。それは、それぞれが扱っているものと関係があるのだと私は思う。

ここで、冒頭で読者の皆さんに尋ねた質問をもう一度思い起こしてほしい。「どんな人をリーダーだと思うか」という質問だ。改めて思い浮かべたその人物を、なぜ皆さんは、リーダーと呼ぶのだろうか。仮にその人物をマネジャーと呼んでみるとどうだろうか。何か違和感を覚えないだろうか。

実は私たちは、リーダーと私たちが呼ぶ人たちが扱う現象、リーダーシップの機能について、多かれ少なかれ暗黙の合意をもっている。先ほどは、「社長＝リーダーではない」と言い切ってしまったが、その例外を挙げてみよう。例えば、すでに何度も名前が出てきた日産のカルロス・ゴーン氏。彼は優れたマネジャーでもあるけれど、マネジャーと呼ぶよりリーダーと呼んだ方がふさわしいと多くの人は感じているに違いない。国鉄変革、分割民営化に尽力した三人組の一人である松田昌士さん（元ＪＲ東日本会長）は、私の大変尊敬する経営者の一人だが、松田さんにもマネジャーよりリーダーの名がふさわしい。私と同世代の経営者では、ローソン社長の新浪剛史さん、私とはボストンでの留学仲間だが、彼にもマネジャーというよりもリーダーという言葉がぴったりする。

そういった人たちをリーダーと呼ぶのはなぜだろうか。彼らが成し遂げたこと、挑戦したこと、挑戦し続けていることを考えると、その理由が見えてくる。

「リーダーは創造と変革を扱う」

もう一度言わせてもらう。リーダーは創造と変革を扱う。

皆さんが思い浮かべたリーダーも、現状を大きく変えたとか、何か新しいものをつくり出したりして時代を画した人物ではないだろうか。これに対し、マネジャーは現状を維持するか、少しずつ漸進的に変えていく。組織の安定性や持続性を維持するためにマネジメントは機能するが、組織の変化を生み出すためにリーダーシップは機能する。

では、リーダーが扱う創造と変革とは何だろうか。そこに何らかの共通性はあるのだろうか。

皆さんならどう説明するだろうか。

非連続を飛び越えるリーダーシップの本質―野田―

私が創造と変革を説明するにあたっていつも引用するのが、コロンブスの卵と社会主義体制崩壊の話だ。

まずは、創造の例としてのコロンブスの卵だ。

クリストファー・コロンブスは新大陸を発見し、帰還した後、スポンサーであったスペイン女王イザベル一世の晩餐会に招かれた。ところが、その席でコロンブスは、彼の功績を妬んだ招待客から難癖《なんくせ》をつけられる。

「あなたがやったことはたいしたことではない。ただ西へ西へと船を走らせ、新しい土地を見つけただけではないか」

コロンブスは食卓の上にあった卵を差し出し、「立てて見せてくれないか」と言った。意地悪な客は「よし」と応じたが、楕円球形の卵をテーブルの上に立てることなどできなかった。他の人たちも次々に挑戦してみたものの、卵はやはり立たない。

コロンブスは黙って卵の底を割り、立てて見せた。そして、あっけにとられた招待客たちが「それなら、だれだってできるではないか」と憤慨すると、こう言い返した。

「私が新大陸発見でやったことはこれと同じだ。だれかが成功してしまえば、それはあまりに簡単に見える。しかし、それがだれかによって成し遂げられるまでは、他のだれもそれができるとは思わない」

だれかが達成した後には当たり前に見えるが、その前には到底不可能と思えること。創造とはこういうものだ。企業でイノベーションや新製品開発に携わっている人なら、自明のことかと思う。ビジネスモデルの構築においても同様だろう。

スターバックスコーヒーが日本に上陸した時、成功すると考えた人がどれほどいただろうか。喫茶店文化が根付いている日本ではスタバのような店は受けない、と思った人も多かったのではないだろうか。しかし、一号店オープンから十年がたち、今やスタバの国内の店舗数は六百店を超えている。ネットでの直接販売と受注生産を組み合わせたパソコンのデル・モデルも、カジュアル衣料の製造小売りを実現したユニクロもそうだ。ビジネスが当たれば、「なんだ、そうか」と思う。だけど、だれかがやるまでは、他のだれも思いつかない。

次に変革を説明してみたい。私は、過去十年間、デンマークのコペンハーゲンにあるスカンジナビア国際経営大学院（ＳＩＭＩ）で客員教授として組織戦略論を教えてきた。ここはとてもユニークなビジネススクールで、北欧からの受講生が中心ではあるが、ポーランドなどの旧東欧圏やロシアなどからも、企業の中堅幹部が受講生として集まってくる。企業価値経営などの先端の経営プラクティスなどもケース教材を使いながら議論するのだが、セッションを終えた後のコーヒー休憩の時、私はつい悪戯心《いたずらごころ》から、旧東欧圏やロシアの受講生をからかってしまう。私が「そう言えば、あなた方の国はついこの前まで社会主義でしたよね。今は企業価値経営ですか」などと言うと、彼（女）らは「そうなんだけど、今思えば、なんで社会主義だったのかよく分からないんですよ」と困ったような顔になる。

起きてしまえば当たり前なのに、起きるまではだれもそれを想像ができない。変革とはそういうものだ。旧東欧圏やロシアの人たちにしてみれば、なぜ、十数年前まで社会主義が正しい、当たり前だと思っていたのか、あの体制がこれからも続くとなぜ思っていたのか、今となっては不思議にすら感じられるのだろう。しかし、その少し前まで、旧体制が根底から変わることを一体どれだけの人が予想できただろう。実際、ベルリンの壁が崩壊したのは一九八九年の十一月だったが、同じ年の二月の時点でさえ、東ドイツから壁を乗り越えて西ドイツへ亡命しようとして、東の国境警備隊に射殺される人がまだ存在していた。壁が崩壊する直前まで、多くの人には壁がなくなるとは信じられなかったし、まして、東西ドイツの統一が他の東欧諸国へと波及し、一気にソ連の崩壊まで引き起こすとは、想像もできなかったのではないか。

日産変革を見ても同じことが言える。かつて長きにわたってマーケットシェアを凋落《ちょうらく》させ続けていた時代を、今の日産社員はどう振り返るのだろうか。「なぜ、日産は変われなかったのですか」と聞いても、「さあ、分からないけど、変われなかったんですよ」と言うか、「実際に変革が起きるという想像すらつかなかった」としか答えられないのではないだろうか。しかし、日産はゴーン社長の登場と日産リバイバル・プランによってすべてが変わった。いざ変わってしまうと、社員たちには、なぜ、昔の日産はあのように官僚的で、部門最適に陥っていたのか、なぜ、それ以外のやり方はないと信じきっていたのかが分からなくなるのだ。

リーダーが扱う創造と変革をかなり詳細に説明してきたが、創造と変革には共通点があることに、気づいてもらえただろうか。私は、その共通点を理解することが、リーダーシップの本質を解く鍵だと考えている。

英語にこんな諺《ことわざ》がある。

――旅を前にして、人は、そんな新しいやり方は非現実的だ、不可能だと言う。旅を終えて、人は、なぜ自分たちがそんなふうに言っていたのかすら不思議に思う――

この諺が語る創造と変革の共通点は、「事前のあまりにも高い不確実性」と「事後には当たり前だと受け入れられる常識性」ということになる。事前の不確実性と事後の常識性、その間にあるのは、連続ではなく非連続だ。リーダーシップの旅において、リーダーはこの非連続を飛び越える。

先ほどの深い森の中にある沼地のメタファーを思い出してほしい。深い闇に覆われ、森の奥に何があるのかは見えない。だが、ある人は、高い木々の向こう側にかすかに差している光に気づく。その人だけが心の中に青い空と明るい草原を見て、沼地を越え、森を抜ければ、光の差し込む広々とした空間に出られると思って歩き始める。ある人が「見えないもの」を見ているのに対して、他の人にはそれが見えない。そこには連続性がないのだ。見えないから、ある人が一緒に行こうと言っても、他の人はなかなか首を縦に振らない。

たとえ、ある人が村の中の序列ではボスであり、「沼を渡れ」と権威や命令で駆り立てたとしても、住民たちはせいぜい面従腹背で、従うふりをするだけだろう。いやいや沼に一歩を踏み入れても、何か不気味な物音がすると、あわてて森の中に逃げ帰ってしまう。飴とムチの動機づけは、ここではあまり役に立たないのだ。

リーダーとマネジメントは異なる。リーダーは「見えないもの」を見て、地位による権威ではなく、人々の価値観や感情に訴え（沼地を渡る場合は背中で見せ）、人の共感を得て、自分の夢とみんなの夢のシンクロ（同期化）をつくり出す。私には、そこに重要なメッセージが潜んでいると思えてならない。

驚きはいらないマネジャー、驚きだらけのリーダー－金井－

J・P・コッターはマネジャーを「複雑性への対処」、リーダーを「変革への対処」とキーワードで対比した。

マネジメントのキーワードにシステム、秩序、安定、予測可能性を加えることもできる。ルールや仕組みに精通し、これらをうまく活用するのがマネジャーだ。優れたマネジャーは、上から下りてきた目標を与えられた手順で部下を使って達成していく。良し悪しは別にして「経営に驚きはいらない」が典型的なマネジメントだ。

よくマネジメントは陣頭指揮だとか率先垂範などと言われるが、それは大間違いで、できるマネジャーは本人が会社を留守にしていても、組織がきちんと動く仕組みをつくり上げる。逆説的に表現すれば、優れたマネジャーの理想は「自分がいなくても回る」組織にしていくことだ。

他方、リーダーはシステムをバイパスする。そして不要と判断したら、システムや組織そのものを壊してしまう。未知の世界へと向かっていくその行動は、傍から見れば「驚きだらけ」だ。ややもすればバランス感覚に欠け、ひやひやするが、一徹さに周囲の人たちは心を打たれ、つい応援したくなる。

リーダーは常に先頭を切り、本人がそこにいないだけで支障が生じる。職場で上司のリーダーシップの度合いを測りたかったら、その上司が不在の時の混乱の度合いを見るといいかもしれない。

読者の皆さんに誤解されると困るのだが、私はマネジャーがリーダーよりもレベルが低いと言うつもりはない。マネジメントを悪者、さえないもののように扱うことが、こうした対比の目的ではないことに注意してほしい。リーダーだけだと、大規模で複雑なシステムをなす組織の業務はうまく回らない。せっかく創業しても、ある段階を過ぎれば、しっかりとしたマネジメントの仕組みがないと、経営が足踏みしたり、成長が止まったり、場合によっては会社がつぶれてしまうこともある。

その能力において尋常ならざる大物マネジャー、大番頭のようなタイプの経営者もいる。例えば、一般的には偉大なリーダーと評価されがちなゼネラルモーターズ（ＧＭ）の三代目会長アルフレッド・スローン・ジュニアを、システムをうまく使ったという意味においてマネジャータイプの経営者に分類する研究（精神分析を組織研究に導入したハーバード大学のA・ゼイレツニックによる）もある。

その正反対を挙げるとすれば、マネジメント能力がほとんどなさそうだけれどリーダーになった本田宗一郎氏（ホンダ創業者）だろう。本田氏の場合は、マネジャーという段階をへずに、そっちの方は大番頭の藤沢武夫氏に任せて、いきなりスケールの大きいリーダーとして旅を始めたのに近い。ミカン箱の上に立って、「いいか日本のホンダどころではないぞ。世界のホンダを目指すのだぞ」と従業員を叱咤してきた本田氏が、初めてオートバイの国際レース出場を決め、「まさに好機来《きた》る!」と社内で宣言した一九五四年、ホンダは未曾有《みぞう》の経営危機のさなかだった。もしも、藤沢氏がいなくて、緻密なマネジメントが欠けたままだったら、世界のホンダは生まれなかったかもしれない（ただし、付け加えれば、藤沢氏は本田氏とのペアにおいてはマネジメントの達人だったが、そこらにいる普通の経営者の横に立てば、際立ったリーダータイプだったろう）。

歴史通の読者ならよくご存知だろうが、唐の太宗・李世民《りせいみん》の治世を描いた『貞観政要《じょうがんせいよう》』では、「帝王の業、草創と守成といずれ難き」（創業時にうまく立ち上げるのと、治世を軌道に乗せて、長く繁栄する体制を編み上げるのとどちらが難しいか）という問いに対し、草創も難しいが、守成も難しいとしっかりと述べたものだ。『貞観政要』を熱心に学んだ日本人が、北条政子と徳川家康――ともに長期に続く体制づくりにも意を配った――というのも興味深い（山本七平『帝王学――貞観政要の読み方』日経ビジネス人文庫、二〇〇一年、守屋洋『「貞観政要」のリーダー学』プレジデント社、二〇〇五年など）。

天下国家レベルでも、産業界でも、一つの会社、一つの事業分野でも、それを苦労して立ち上げる人も、軌道に乗せて安定した体制をキープする人もともに大事だ。しかし、現代においてリーダーとマネジャーのどちらのタイプが不足しているかと言うと、戦略発想で変革・イノベーションを起こせるリーダーだというのがコッターたちの主張だ。

さて、私はと言えば、リーダーシップを大人になってからの有力な発達経路の一つと考えている。担当者からマネジャーとなり、やがてマネジャーからリーダーへ脱皮するという発達経路は、決して決定論的なものではないが、少なくとも蓋然《がいぜん》性の高い確率的プロセスだと思われる。決定論でないというのは、中には本田氏のようなタイプの経営者もいるからだ。

サラリーマン（ウーマン）はだれもがインディビデュアル・コントリビューターつまり「個人として貢献する存在」としてスタートする。「担当者」と訳してもいいし、「ぺーぺー」

でもかまわない。営業担当者や開発担当者として、課題を与えられ、個人としてやり遂げようとする。この段階での夢は「自分が早く一人前になること」だ。

やがて管理職に昇進し、部下を何人かもつと、仕組みを通した間接的な貢献を求められるようになる。それまでは個人で貢献すればよかったのだから、慣れないうちはもどかしさを感じるのが当たり前だ。しかし、何らかの目標が達成された時、その人は「自分の夢がみんなの夢になる」状態に少しだけ近づく。

管理職として評価を得た後、「仕組みを全部変えてみろ」と社長に指示されたとしよう。今のポストに満足し、すっかり保守的になっている人なら、急に「変えろ」と言われても戸惑ったり、反発したりするだけかもしれない。

しかし、その段階で「見えないもの」が見え始めていたとしたら、自分が成し遂げたい夢を会社のリソースを使って実現できるかもしれない。それが会社のためになり、ひいては社会にも役立つと思い、絵の実現に向かって、部下ではなく人とのつながりを自分でつくり出せれば、その人はリーダーへの旅を歩み始めている。

旅における擬似的な組織関係－野田－

この本では、組織におけるリーダーシップの不純物をいったん取り除き、エマージェント・リーダーという概念から、リーダーシップの本質を解き明かそうとしてきた。同様に、リーダーシップとマネジメントについても、わざと両極端なものとして位置づけた。しかし、多くの場合、リーダーシップとマネジメントはその両方ともが必要となることが多いのが現実だ。

創造に向けての旅は、通常は一人で始まり、リーダーはそのプロセスで振り返ると後ろを人がついてくるという経験をするが、やがてフォロワーの人数が多くなったり、目指すものが大きくなったりしてくると、リーダーとフォロワーの間に上司と部下のような擬似的な組織関係が生まれる。その際には、リーダーの仕事に活動の組織化が含まれるようになり、巻き込んだ人を時には適度にモティベートすることも、あるいは擬似的組織における地位を梃《て》子《こ》に指示をしたりすることも必要となってくるだろう。

さらに、組織の中のトップが変革を扱う場合には、トップは、マネジャーの帽子をかぶりながら、リーダーシップという非連続を飛び越える旅に挑むことになる。言い換えると、スタート時からリーダーシップとマネジメントの両方を機能させながら旅を歩むのだ。

地方自治体に乗り込んでいくいわゆる改革派知事（先述の、ハウスによるリーダーの三類型では、選挙で選ばれたリーダー）もこれに似た経験をしているに違いない。以前とはまったくタイプの違う新知事を、地方官僚たちは甲羅に首を引っ込めた亀のような姿勢で迎える。口では選挙結果を尊重すると言い、知事の意向や方針に従うと言いながらも、さて業務となるとサボタージュに余念がない。本当に行政を変えられるわけがないと内心では思っている官僚は多いだろうし、まずは様子見といったところだろう。

そんな場合に、変革型のリーダーである改革派知事は、まずはポジションに基づく権限をうまく使いながら、「ともかくついてこい」と言って、部下たちを動かす。と同時に、自分が信じる変革への道筋につながるマイルストーンを設定し、人々の感情や価値観に訴えながら、仲間を増やしていく。それでもなかなか共感の輪は広がらない。役人たちには、知事が見ている「見えないもの」が容易には見えないからだ。そこで、知事はスモールウィンズ（小さな勝利）を達成することによって、彼らの疑念を解き、少しずつ自信をもたせながら、「見えないもの」を見させていく。こうしたケースは、まさに変革型リーダーが、リーダーシップとマネジメントの両機能を同時にうまく果たしていること、果たさねばならないことを示している。

今なぜ、リーダー待望論なのか―野田―

ここ数年間ほど、企業のトップや人事担当者に会って「今、御社に必要な人材とは？」と尋ねると、「リーダーが必要です」と言われることがとても多くなった。「マネジャーではなく、リーダーが欲しい」というストレートな要望もよく耳にする。

なぜ、多くの企業や組織の人たちが口をそろえて「リーダー待望」を言い始めたのだろう。

理由は単純明快だ。世の中が創造と変革の時代に入ったからにほかならない。グローバル化。物言う株主に続いてのM&Aの洗礼。グーグルの席巻、ロングテールという流行語に代表されるような情報経済・ネット経済の急速な進展。人材の流動化。環境問題の深刻化とCSR（企業の社会的責任）への注目度の高まり。時代が変わり、スピードがアップし、今、多くの企業がビジネスモデルの変更を迫られ、組織がそのあり方を問われている。企業の存在理由、社会やコミュニティとのかかわり方、組織と個人のかかわり方、あらゆることにおいて、パラダイムシフトの予兆がある。

そのような潮流はビジネスの世界だけの話ではない。戦後六十年間で近年ほど政治や行政の世界でリーダーシップの必要性が叫ばれている時代はない。右肩上がりの幻想が消え、少子高齢化・人口減少が喫緊《きっきん》の問題となっている。格差社会の中でワーキングプアが姿を現し、人の絆とコミュニティは崩壊し、教育の現場は荒廃している。成熟したものの、豊かさを真に実感できない社会の中で、新しい社会、新しい国のあり方を描く、創造と変革に取り組むリーダーの台頭が期待されている所以《ゆえん》だ。

企業も、行政・政治も、高度化社会にあっては組織を単位に機能している。そうした組織が、創造と変革の時代にリーダーシップを必要としている。それはなぜだろうか。組織は、創造と変革のリーダーシップを生み出す土壌としてうまく機能しているのか。機能しているのなら、なぜ多くの組織で、リーダー不在が危機感をもって叫ばれ、リーダー待望論が聞こえてくるのだろうか。

この問題を考えるにあたって、そもそも組織とは何だろうかを問うてみたい。組織は、金井さんも挙げたC・I・バーナードが説いたように、ある目的のために二人以上の人間が協働することによって生まれる。そして、その活動が発展し、協働に参加する人の数が増えるにつれ、持続性・安定性を向上すべく、内部にルールが作られていく。また、組織内のだれもがいつでも同じように活動できるように情報が共有され、系統立てて分類・整理され、マニュアルが作られる。組織運営が円滑に進められるようにモニタリングの仕組みができ、人や活動の評価やフィードバックのシステムが構築されていく。

これらの機能はいずれもマネジメントに関係する。マネジメントによって複雑性を減少させることが組織化のプロセスであり、目標達成のため、不意打ちをミニマイズする仕組みが組織だ。それゆえマネジメントに「驚きはいらない」。必要とされる人材は、ルールやシステムに即して円滑にルーティン作業を回せる人たちであり、そういう人が優れたマネジャー、あえて挑発的な言葉を使えば「いい子ちゃんエリート」ということになる。

だが、ここで問題が発生する。組織は組織化を進めれば進めるほど、つまりマネジメントの機能を充実させればさせるほど、自己破滅の危険にさらされる。皮肉なことに、組織化そのものが、結果的に組織に自己破滅の遺伝子を埋め込んでいくプロセスでもある。

組織化が組織を破滅に導くとは、一見矛盾するような見方だけれど、こんなふうに説明すれば分かりやすいかもしれない。組織は活動を効率的かつスムーズに進めていくために、ある環境を一定のものととらえ、その環境への適応力を高めようとする。そのことは環境が安定しているうちは問題にならないが、絶えず環境が変化するような時代に入ると、組織の首を絞め始める。過去への過剰適応が、現在の環境との乖離《かいり》を生んでしまうからだ。そのような組織は柔軟性に乏しくなり、不活性化・硬直化する（これを組織のイナーシア〈inertia〉と呼ぶ）。メンバーの間では前例踏襲の悪しき官僚主義が横行するようになり、やがて組織としての有用性を失ってしまうのだ。

環境と組織との不一致を解消し、環境と組織をもう一度合わせること、組織に適応力や柔軟性を回復させること。その不可避な課題に多くの企業や組織は気づき始めている。そこで出てきたのがリーダー待望論だ。リーダーシップは環境の変化にキャッチアップを試み、あるいは、変化を先取りして不確実性をつくり出し、時には環境自体を変化させて、新たな時代における組織の有用性を取り戻す役割を果たす。

ただし、ここからが本当の問題だ。改めて問いを投げかけるならば、組織はリーダーシップを育む豊かな土壌を提供しているのだろうか。組織で働く読者の皆さんの多くが、組織の中でリーダーシップを発揮することはたやすいことなのだろうか。

リーダーにならない方が楽な組織 ―金井―

試みに「企業」「会社」の語源を遡《さかのぼ》ってみよう。英語の「エンタープライズ」はもともと「冒険」という意味だ。どこか壮大な宇宙旅行をイメージさせる。「業を企てる」と訳した日本人のセンスも悪くない。ドイツ語の「ウンテルネームング」と言えば、「しっかり引き受けて立つ」ということだ。いずれも組織を前提としながらも、古い秩序や通用しなくなったルールを打ち破り、変革を起こすリーダーの出現を期待させる。

一方、「カンパニー」は「一緒にいる」だ。これを何事かを成し遂げるために「出会う社」すなわち「会社」と和訳したのはなかなか上手いと思うし、字面もすごくいい。坂本龍馬が作った貿易結社・亀山社中（海援隊の前身）を想い起こすと、会社とはもともと運動の母体のような存在だったのではないかとイメージも膨らむ。出発点に立ち返ってみれば、会社は決して安直で楽な組織ではなかったはずだ。

しかし、みんなが一緒にいることが運動のためでなく、安定したオペレーションのためになってくると、そういう場で突出する人は周囲との軋轢を生む。もとはエンタープライズのための集まりだった組織がそうでなくなった段階になると、カンパニーはリーダーシップを育てないというより、「リーダーまでいかない方が楽な組織」になってしまうのだと私は思う。

リーダーシップは、実際にリーダーシップをとった人にしか教えられない。だから、「リーダーを育てるリーダー」の存在がないと、リーダーシップの連鎖は生まれない。

これに対して、マネジメントは、マネジャーでなくても教えられる部分が多い。管理上の仕事やそのやり方、予算の使い方、人事考課の仕方、法律上の制約等々は正規教育で教えることができる。もちろん、他の人々を動かして事を成し遂げるもどかしさを学ぶのは、なかなか大変なことで、これだけは、経験を通じてOJTの場でということになる。けれども、マネジメントに習熟し、管理職が板についてくると、その人は既存のシステムを壊してでも新たなものをつくり出そうとはしなくなる。出世階段の途中で「上がり」の感覚にとらわれ、野田さんの言葉を借りれば、沼地を渡って未知への旅に出ようとしなくなる。

「上がり」というのは、上昇したくても、もうこれ以上は無理という無能レベルに達することを言う。ローレンス・J・ピーターの「ピーターの法則」は有名だ。階層社会において、すべての人は能力のぎりぎりまで昇進を重ね、おのおの「無能（インコンピテンス）レベル」に到達する。インコンピテンスを無能と訳すとキツすぎるかもしれない。「やがてうまくいかなくなりますよ。みんなそういうものですよ」程度に考えればいい。この法則通りなら、マネジメントがきちんとできることが当人の無能レベルであれば、その人はそこから先のリーダーシップに進もうとはしない。

また、合理的に設計された組織において、人は割り当てられた職務をまっとうするための適切な権限や資源を与えられている。システムをうまく使い、与えられた範囲内で仕事をこなしていれば疲弊せずにすむが、自分で絵を描いて実行するのは、実際のところ、とても疲れる。組織内でリーダーシップを発揮しようとする人ほどひどい目にあったり、失敗したりする例は多いのだ。大過なく過ごすことが多くのミドルの願いだとすれば、「何が悲しくてリーダーシップなんて」という気持ちになっても不思議はない。

会社を変えたい、変えようと努力を繰り返し、結局、何も変わらなかった時、人は「学習性無力感」を抱く。つまり変革志向のミドルほど無力感を感じやすいわけで、やる気と力のある人、リーダーシップをとろうとする人ほど疲れ果て、逆に、決められた「やらされ仕事」をこなすだけの人が元気。そんな倒錯した状況が組織の中では起きがちなのだ。

最初は未知の世界を目指していた旅も、やがて行程が安定し、人々は落ち着きを求めるようになる。そんな時にこそ、本当は変革が必要だとしても、よほどその必要性に深く気づかなければ、なかなか次の旅は始まらない。危機感がないと旅の第一歩が歩めないし、歩み続けるには、「見えないもの」の奥に希望を見出す必要もある。しかしながら、野田さんの言う通り、事後には常識となることであっても、事前には不確実ということがある。後々は慣れてルーティンになっていくようなことでも、やる前にはまったく形が見えなかったりする。

組織と個の同化がリーダーシップの発揮を阻害する－野田－

以前、私は、所属していたＩＮＳＥＡＤ（欧州経営大学院）の仕事の一環で、日本のある自動車メーカーのグローバル経営幹部育成のお手伝いをしていた。プログラムでは、日本人の中堅のみならずアメリカやイギリスの現地幹部も交えて、リーダーシップの議論を行った。リーダーシップを一人称でとらえるという話をした後、締めくくりに私が、「あなたたちは会社のために働くのではありません。会社が、あなたたちが成功するために存在するのです」と言うと、外国人参加者からものすごく感激され、握手まで求められた。外国人たちは「この会社に入って以来、そんな話を聞いたのは初めてだ」と目を輝かせて言う。おいおい、君らは、私たち日本人よりはるかに個が自立している外国人だろうと、私はとても変な気持ちになった。

この出来事の記憶がとても鮮明なのは、日本の組織がもつ個を同化する力の強さを象徴しているように感じたからだ。日本人よりよほど自我が強いはずのアメリカ人やイギリス人をして「社員は会社のために働く」「組織の一員として自分は存在している」と思い込ませてしまうのだから。いくらその外国人たちが生え抜きの社員だったとは言え、その同化力はすさまじすぎると、この会社の未来を少し危惧《きぐ》した憶えがある。いや、ひょっとしたら、国民性の違いはあまり関係なくて、組織の同化力というものは、日本でも欧米でも、私が考えている以上に強いものなのかもしれないが。

どんな人でも組織に入るまでは、「あれをしたい」「これをしたい」という希望をもっている。会社に入ったばかりの新人や若い社員たちは、多少なりとも自らの「内なる声」に耳を傾け、個の論理に従って生きようともがく。しかし、組織の中で生きるうちに、そのことを忘れてしまう。内なる声は何と叫んでいたのか、自分という個は本当は何をしたかったのかを忘れ、与えられたポジションにおさまって組織のために働くようになる。そんな人たちが皆さんの属する組織にはたくさんいるのではないだろうか。

人はいったん組織の論理に従って生きる術《すべ》を身につけてしまうと、いつの間にか慣行に従い、みんなと同じものを見るような生き方に染まってしまう。なおかつ組織は、個に同化を強烈に求めてくる。職場では自由にポジションを選べないし、人事異動にも簡単には逆らえない。いっそ会社を辞めようかと悩んでも、失うものが大きすぎるからそれも怖い。そうこうしているうちに、組織にとって正しいことが自分にとっても正しいことと言い聞かせるようになり、いつの間にか、組織の成功が自分の成功と無意識に思い始める。そうした生き方、考え方を前提とした行動が、組織の中で評価されてしまうと、ますます個と組織の同化が進み、私たちの目には「見えないもの」が見えなくなる。

組織での評価が上がり、ポジションが上昇し、個人がマネジメント面での実績を積み重ねれば重ねるほど、組織との同化に抗《あらが》うことは困難になる。この観点からすると、創造と変革の時代に、一番リーダーシップの必要性を感じながら、最もリーダーシップを発揮しづらいのが、大企業においては社長であることも十分ありうる。なぜなら、その会社の過去の成功体験、古い秩序の具現者こそが社長であり、企業環境が安定的だった頃、複雑性への対処と問題解決において能力を示し、エリートマネジャーとして社内の信任を得て、トップに上り詰めたのが社長その人であるかもしれないからだ。

マネジメントの憂鬱―金井―

組織との同化にあたるものは、グループ・レベルでの人間関係の中でも起こる。人間関係論を推進したE・メイヨーは、労働者を「神経症」と位置付け、病気を治すことで労働者をしあわせにし、企業もしあわせになるはずだと考えた。ハーバード大学がメイヨーを招いたのは、経営学やビジネススクールが、その出発点において健全なエリート教育をしてこなかったことへの反省と、ロースクールやメディカルスクールに対する劣等感、もっと社会に役立つ研究をすべきだという危機感の表れだったとも言われている。

だが、メイヨーらによる人間関係論のマネジメント研究は一見、人道主義的に見えるから、なお狡猾で始末が悪いとする見方もある。ハーバードの経営学者J・L・バダラッコは、サルトルの『汚れた手』から「だれが人を無垢に支配できるか」という反語を引き出し、「だれが人を無垢にマネージできるか」と書いている。また、歴史学者J・フープスは近著で、マネジメントは、アメリカ建国以来の理念である自由・独立・民主主義と矛盾するとさえはっきり主張する（有賀裕子訳『経営理論　偽りの系譜――マネジメント思想の巨人たちの功罪』東洋経済新報社、二〇〇六年）。これらの研究はいずれも、マネジメントが内包する憂鬱に言及している。働く実感としても、「管理」と聞いてわくわくする人は少ないだろう。

我々は能率よく物事をこなすために組織を利用、活用する。そういう場合の組織は、事を成し遂げるための「道具」にすぎず、組織そのものが使命や価値を意味するわけではない。けれども、名匠が道具を磨き、己のアイデンティティの一部とすれば、それはもはやただの道具でなくなる。同じように、効率的な業務遂行の手段だった組織が、使命感を帯びたリーダーの出現により、何らかの価値を体現するようになってきたら、それはもはや道具としての組織ではなくなる。

この点について、社会学者のＰ・セルズニックはニューディール時代のＴＶＡ（テネシー峡谷公社）やロシア革命時のボルシェビキ党についての研究から、ただ能率を追求するだけの組織の管理者（マネジャー）とは異なるリーダー像をリリエンソールやレーニンの中に見出した。

制度という言葉をどのように用いるかは学者によって異なるが、セルズニックは、使命や価値観を体現し、そこで働く個人がそこに深いかかわり（コミットメント）を抱くようになった時に、組織は「制度」となると述べた。そして、そのような制度を生み出し、制度の使命や価値に、野田さんが言うような共振現象でつながる人々の運動体を実現するようなリーダーを「制度的リーダー」と名づけた。

ちょうどセルズニックがこのような学説を提示した時には、経営学の中では、社会心理学やその中から生まれたグループ・ダイナミクスに基づき、小集団を調査対象としたリーダーシップ論が隆盛だった。十数名から数十名ぐらいの職場レベルのグループを対象としたリーダーシップ論が猛烈な勢いで進み、測定尺度も理論も整備され始めた。例えば、ミシガン大学では、その種の組織や集団の調査センターまでつくられた。

そのような動きに対して、セルズニックは①ＴＶＡやボルシェビキのような運動の個性と記述を重んじて、②そこにはかけがえのない価値、使命、目的が体現された制度が、運動の中から生まれてきていることを重視した。

単なるルーティンを効率的にこなすだけでは、使命感を帯びた新たな運動は起こらない。フォーマルな組織は（使命や価値観で鍛えられなければ）、組織を手段として扱い、きちんと成し遂げたらその分報いられることを望む人でいっぱいになってしまう。今、変革が問われる時に、改めて、企業が貫くべき基本価値や組織のＤＮＡ（もちろん野田さんが言う自己破滅ＤＮＡではない）が問われるのは、ゆえあってのことだ。

経験から持論を―金井―

幸いなことに、組織や会社はいつもルーティンで回っているとは限らない。まったくゼロの状態から新規事業が立ち上がった時や、つぶれかけていた事業分野を建て直そうする時、担当の事業部やプロジェクトチームはあたかも運動体のように振る舞える。ＮＴＴドコモにおける「ｉモード事件」や、ＮＨＫの番組『プロジェクトＸ』が扱った様々な物語に見られるように、大きな絵に向かってメンバーや他部門、社外の人たちまでが巻き込まれていく過程で、リーダーシップは必ず発揮される。この現象は、今のどの企業でも起こりうることだ。

私はリーダーシップの学校は「経験」だと考えているが、こうした経験を会社の中でくぐることは決して不可能ではない。

ただし、肝心なのは経験を放置しないことだと思う。上司がとったリーダーシップを観察したら、みんなで議論して教訓を引き出せるような場が必要だろうし、経験の意味づけ、蒸留、純化が社内で起きれば、会社にリーダーシップが育つ下地ができる。

私の知る実例では、先進的外資系企業の例になるが、日本イーライリリーが“leadership begins with leadership”を社内標語として掲げ、興味深いイニシャティブを試みている。N・F・クレンショー社長自らが次期経営幹部の育成に熱心で、役員以下、全社員がリーダーシップを自分たちの問題ととらえようとしている。

通常のアクションリサーチでは、我が社の経営課題といった事柄が対象になりがちだ。しかし、同社ではリーダーシップそのものに関するアクションリサーチを社内で実施し、それぞれの社員が現場レベルでのリーダーシップを考える。また、「リーダーシップ・フォーカス・ウィーク」を設けて、シニアリーダーたちが社員の前で自身のリーダーシップについて語るのだ。

前出のN・M・ティシーは「リーダーシップについて自分の経験や観察を通じて、人に教えようと思えば教えられる自分なりの考え、見解」をＴＰＯＶ（Teachable Point of View）という略語で強調する。私の用語法では「リーダーシップの持論の萌芽となるもの」がこれに当たる。日本イーライリリーでは、社内で意識的にＴＰＯＶを語り合う作業を通じて、同社独自のリーダーシップ論を生み出そうとしている。

「会社のためのリーダー」という矛盾 ―野田―

私は機会があるごとに、企業の経営トップや人事担当の役員の方々に対し、「組織を強くするためにリーダーを育てようとしても、組織は絶対に強くならないし、リーダーが育つこともない」と申し上げている。以前、イノベーションで有名な、あるグローバル・エレクトロニクス企業の社内大学において、中堅リーダー育成のためのプログラムの設計・舵取り役を務めていた時期があった。その時のプログラム開講にあたってのガイダンスも、次のようなものだった。

「このプログラムは、あなたたちをこの会社を強くするリーダーに育てるものでは間違ってもありません。そんなことをしたら、この会社が逆に弱くなってしまうと私は信じています。そうではなくて、このプログラムは、あなたがこの会社を舞台にして、どうやったら大きく羽ばたけて、社会に対して最大限の価値をもたらしうるかを考える上での支援をするためのものです。そんな人たちが社内にあふれるようになった時、この会社は本当の意味で世界に羽ばたき、イノベーションを世に送り出せる企業であり続ける。かつては、そう信じられていたのです」

個と組織の関係、個の論理と組織の論理の関係性が変わらなければ、企業にリーダーはコンスタントに現れない。その点において何より参考になるのは、リクルートという会社だろう。

リクルートは、社員が「自ら機会をつくり出し、機会とともに成長する」ことを創業以来強く打ち出し、個の自立と尊重が今でも経営の要諦となっている会社だ。個の論理が組織の論理に先立つ企業であり、リクルートを強い会社にするために自分が存在するのだと思うような社員は、あの会社にはまずいないと思う。自分が成功するために、リクルートが存在し、自分が成功することで、リクルートも成功すると考えるのだ。

やや理想化して語るならば、リクルートは「おもちゃ箱」のような会社だ（少なくともそうあってほしい）。会社という箱には色々なおもちゃが詰まっていて、社員は好きなおもちゃを取り出し、遊び場所をつくり出していく。そのことによって自分が成長し、おもちゃ箱に新しいおもちゃが加わる。中味が増えていくおもちゃ箱に魅かれて、新しい人がどんどん入ってくる。

人材輩出力において、リクルートは日本企業の中で傑出している。それは個人が成功するために組織が存在しているという考え方が、社内で明確だったからに違いない。そのような企業からは、旅への一歩を踏み出すリーダーがたくさん出てくる（もちろんリクルートも他の企業と同様、課題をたくさん抱えていて、これからも人材輩出で傑出できるかは未知数で、それが経営の最大の課題になっていると思うので、今後は楽観できないが）。

一般的に、組織の論理に埋もれた官僚的で匿名的なエリートたちは、個の論理を封じ込めている。残念ながら、そういう人に上っ面だけのリーダーシップ教育を施しても何の意味もないだろう。まずは組織の論理から脱却してもらい、自分とは何か、自分には何ができるのかを徹底的に振り返ってもらう必要がある。さらに、自立した個が社会へと大きく目を向けて、自分はこの組織を利用して何ができるだろう、社会に何をもたらしどんなメッセージを送れるだろうと考えた時、リーダーシップの旅の第一歩が始まる。そのようにして生まれたリーダーが、結果として組織に最も大きく貢献するのだ。

リーダーを育てるリーダー ― 金井 ―

そのように貢献できるようになることは、その人の成長だと私は思う。しかし企業の人事部担当者に「次期経営幹部の育成とは、成人の一つの非常に興味深い発達の仕方を支援することだと思いませんか」と言うと、たいてい「今、なんて言いました？」とキョトンとされてしまう。

私には別に彼らを困らせようという意図はなく、本気でそう思っている。ミドル・マネジャーが組織の中で疲れてしまうのではなく、自分一人ではできないようなスケールの大きな絵を描いてみる。一緒にやる人がいたら、その人も成長するような大きな仕事を構想し、怖がらずにやり通して、会社や社会への遺産（レガシー）とする。そのような会社におけるリーダーシップの旅は、まさに中年の「発達物語」にほかならない。

組織を動かすためにはパワー（権力）も必要だが、リーダーシップ現象を起こす人は私利私欲のために出世するのではなく、絵を実現するための影響力を行使する。

組織内でリーダーシップを発揮する機会は、次世代に良質な修羅場体験を与え、次のリーダーを育てる。リーダーシップをとれるようになった人が、自分のＴＰＯＶを語り、仕事の一部を後進に任せたりすることで新たなリーダーを生み出していくからだ。リーダーの役割はリーダーシップの教師になることであり、リーダーは、次のリーダーを育成することでリーダーになっていくとも言える。そのことをティシーは「リーダー・ディベロピング・リーダー」と表現した。

会社はリーダーシップを必要としているのかという命題をやや別角度から考えてみよう。神戸大学の同僚である三品和広教授は、日本企業が抱える病理を「戦略不全」という言葉で言い表す。

日本企業にとっての問題は、例えばイノベーションの不足ではなく、本当の経営者がいないことであり、だから、長期的に利益を上げ、社会に貢献するとともに繁栄を続ける会社が少なく、低い収益率に甘んじている会社が多いのだと言う。

三品さんはリーダーシップ論そのものにシンパシーをもっているわけではない。しかも戦略論が専門なので、その意味では野田さんと近い立場でもあるのだが、戦略発想型のリーダーにしろ、本当の経営者にしろ、どのようにすればもっと出てきやすくなるかを研究しなければ意味がないという点では私と意見が一致する。

かなり人づくりに力を入れた戦略論を展開中だが本当に経営者の器のある人材まではつくれていない企業は結構あるものだ。会社における戦略不全も、またリーダーシップ不足とも関係していると考えられる。

マネジメントとリーダーシップは異なる。

マネジメントは、複雑性に対処し、組織の安定性と持続性を維持するために機能する。これに対し、リーダーシップは創造と変革を扱う。「見えないもの」を見て、その実現に向けて人々の価値観や感情に訴え、彼らの共感を得て、自発的な協働を促す。

創造と変革には、事前の不確実性と事後の常識性という共通点があり、この非連続をリーダーは飛び越える。

環境変化が著しく、創造と変革の時代を迎えているからこそ、リーダーシップは求められている。

しかし、組織という環境は、リーダーシップを育むには必ずしも適していない。組織の中で生きる個に対して、組織は強い同化力を及ぼすことで、個の論理を見失わさせてしまうことがあるからだ。

リーダーシップの旅には、組織の中の私たちが、組織の論理から脱却して、個の論理を起点に生きることが求められる。少し大げさなようだが、結果においてリーダーになるということは、大人になってから後も、また中年以降も、成長していることを実感できる有望な発達経路の一つでもあるのだ。

第三章　旅の一歩を阻むもの

リーダーシップの旅へと一歩を踏み出すにあたって、あなたの原動力になるものは何でしょうか。

逆に、一歩を踏み出すことを、あなたに躊躇《ちゅうちょ》させるものは何でしょうか。

組織や社会の中で着実に実績を上げることは、リーダーシップの旅においてどんな意味をもつのでしょうか。

実績を上げ、人の信用をかち取り、社会で認められることと、夢や志をもち続けることは両立できるのでしょうか。

なぜ、私たち大人の多くが、夢や志を失ってしまうのでしょうか。

大人にとって、夢や志は果たして意味をもっているのでしょうか。

大人になってからも、忘れかけた夢や志を、あなたは思い出すことができるでしょうか。

そのためには、何が必要なのでしょうか。

旅の原動力となるもの－野田－

リーダーシップの旅のドライバー（原動力）となるものは何だろうか。人はどのようにして旅の第一歩を踏み出すのだろうか。

リーダーシップの旅は、人生の大切な時間、人によっては二十年、三十年という長い年月を費やして歩んでいく、とても奥の深い旅だと思う。一難去ってまた一難、一山越えてまた一山というように、歩けば歩くほど、新しい地平が目の前に開けてくる。リード・ザ・セルフで自分をリードしようとする人は「見えないもの」を見て、あるいは見ようとして歩くが、旅の道のりは明確ではなく、行く先を見通すことなどできない。多くの場合、見えないまま突き進むしかない。

金井さんの言う通り、リーダーシップは私たち「だれもの問題」であり、すべての人が少なくとも出発点には立っている。中には、気がついたらリーダーシップの旅に出ていたと感じる人もいるに違いない。英雄の物語がしばしば象徴的に表しているように、たまたま鹿を追っていたら、森に迷い込み、恐怖と危険に脅えながらも歩き続ける人はいる。組織の中で大変な仕事を任され、逃げたい気持ちに襲われながら、必死に踏みとどまる人も、踏みとどまる決意をした時点で、リーダーシップの旅を歩き始めている。

リーダーシップの旅へと歩みを踏み出すドライバーは、人それぞれであっていい。先に述べたが、夢、志、大望、自信、プロフェッショナリズム、焦燥感、義憤など、キーワードはいくつも挙げられる。その中で、私はとても大切だと思っているのに、その役割に疑問を呈されることが多いドライバーが「夢と志」だ。

杉並区立和田中学校で校長を務める藤原和博さんは、「たった一人の教育改革」を掲げて、民間校長へと転進したリーダーであり、私が敬愛するよき相談相手だ。藤原さんは、私がリーダーシップを論じる際に「夢」「志」「情熱」といった言葉をしょっちゅう口にするのがくすぐったいのか、腑に落ちないのか、「野田君、その夢とか志とか言うのをやめてくれないか」と注文をつける。

ご承知の通り、藤原さんはリクルートの営業マンとしてすばらしい実績を残した自称「スーパーサラリーマン」だ。四十歳を前に欧州駐在を経験し、帰国後、年俸契約のフェロー(客員社員)制度を社内に創出し、自らその第一号におさまった。リクルート卒業にあたって、藤原さんが最終的に選んだフィールドが教育であり、公民の教科書を書き直して「よのなか科」を創設するなど、教育改革の先頭を走っておられる。

そんな藤原さんだが、「中学生に夢や志が簡単に見つかるわけがない」とあっさり言ってのける。「僕は四十歳を過ぎて初めて教育改革を志した。野田君だって、中学生の時、将来リーダーシップの塾を開くなんて、思ってもいなかっただろう?」

言われればその通りだ。

藤原さんは、これまでのサラリーマン生活で、「何よりも信頼を大事にしてきた」と言う。様々な仕事を任され、その都度、信頼を積み上げてきたことが、自分自身の能力の向上、人的ネットワークの構築を可能にし、それが現在の教育改革に取り組む上での土台となっている。自分が本当にやりたいことが見えてくるのは、一定の年齢に達してからであって、それ以前にまず信頼の土台がないとリーダーシップは発揮できない、というのが藤原さんの考え方のように思われる。

豊富な経験から導き出された藤原さんの持論には、私も少なからず同感する。私自身、今まで一生懸命に信頼を積み上げようとしてきたわけで、その点、反論の余地はない。でも、信頼を積み上げてさえいれば、それでいいのだろうか。リーダーシップの旅には、やはり「夢と志」、少なくともその原型と言えるようなものが必要なのではないか。だったら、その原型とはどんなものだろう。読者の皆さんはどう思われるだろうか。

「自分探し」の迷路 ―野田―

藤原さんの問いかけを深く考えていく前に、ある時期から、特に若者の間で流行り始めた「自分探し」について議論したい。「夢と志」というと、どこか「自分探し」と似ているようにも聞こえるが、私はまったく違うのではないかと感じているからだ。

「自分探し」という言葉には、今の自分は本来いるべき場所にいなくて、自分にはもっと適した場所、適した仕事があるといったニュアンスが込められている。一年半か二年ごとに転職を繰り返す人たち。放浪の旅に中途半端に出てみたものの、結局放浪から抜けられず、目の前の現実から逃避する人たち。問題を先送りにし、ふわふわと漂流するように生きながら、彼ら、彼女らは「自分」を探しているのだと言う。しかし、その姿から、どこか知らない場所に自分にとっての宝物が隠されていて、それをだれかが代わりに発見してくれるのを待っているような安易さ、受け身の姿勢を感じ取ってしまうのは私だけだろうか。

ここ数年流行のコーチングも、「自分探し」の危険性を孕《はら》んでいる。コーチングは、鏡の役を務めてくれるコーチが、こちらが打ち明けた悩みやもやもや感をうまく返してくれることにより、自分自身の心の声が明確になっていくというアプローチであり、自分を見つめ直す作業としては本来とても有効なものだ。私自身も、周囲にコーチの友人は多いし、コーチングで苦境を救われた経験もある。

しかし、コーチングにはまってしまった人たちの一部には、ともすれば研修会で出会った仲間とコミュニティを作ったりして、その関係の中に身をうずめていく傾向があるような気がする。仲間同士がお互いを尊重し承認しつつ、自分とは何かを問い合う行為には危険な心地よさがあるらしい。そういった人たちも、やはりある種の「自分探し」をすることで、目の前に迫っている厳しい選択から目を背《そむ》けているように思えてならない。

今の世の中は、生き方にせよ、モノにせよ、多くのものがあらかじめ外から与えられている。テレビやインターネットを通じて、様々な情報が洪水のように発信される中、人々はかえって自分の軸を失いそうになる。一見、個人の多様性が重視され、人々の個性化が進んでいるように見えて、私たちは技術や社会の進歩とは逆行するように、ありふれた情報に振り回されている。買い物をする時は、「売れ筋ランキング」「こだわりの品情報」に頼りがちだし、何かを始めようとすると、まずハウツーものの本を手に取りたくなる。便利な世の中ゆえに自分の軸を保ちづらくなっているのかもしれない。

現代社会を覆う過剰流動性も、こうした問題とかかわりがあるのだろう。気鋭の社会学者、首都大学東京准教授の宮台真司さんは、過剰流動性を「入れ替え可能」という言葉で深くえぐる。マニュアルに従えばだれでも作業できるパートタイム・フリーター労働の世界から、「君のことが好きだよ」「どうして私なの?」「可愛いからさ」「可愛い子ならいっぱいいるじゃない?」といった会話が示す男女の関係に至るまで、社会における入れ替え可能性は広がっている。過剰に流動的な社会において、私たちは必然的に、入れ替え可能ではない「自分」を探すように駆り立てられているのかもしれない。

したがって、「自分探し」が悪いとまで断言するつもりはない。そうしたいという気持ちはよく理解できる。けれども、自分の軸を見失ったまま、迷路をさまよい続けても、所詮、本当の自分は見えてこない感じがする。大切なことは、そこに踏みとどまり、現実と向き合い、目の前のハードルを一つ一つ飛び越える作業ではないだろうか。踏みとどまり、現実と向き合い、ハードルを飛び越える営みが、藤原さんの言う信頼の獲得につながる。だが私には、その際の努力を支えるのが、「夢と志」あるいはその原型のように思えてならないのだ。またしても藤原さんからは、「やめてくれ」と言われてしまいそうだが。

悪い自分探しとよい自分探し - 金井 -

我々が共通してその活動に敬意を表す藤原さんが、「リーダーシップの話で、夢とか志とか言うのはやめてくれないか」と言うのは、とても興味深いことだと思って聞かせてもらった。

おそらく藤原さんがそのように言われるのには、実践家としての色々な含みがあるのだと思う。現実はきれい事ばかりではなくて、もっとどろどろした世界だ。本当にだれも見ないものを見て、動き始めたら、しばしば四面楚歌になることもある。夢は大きな転機、節目にのみ語るべきで、いつもそればかりだと浮かれた人物に見えたりする。だから「夢でなく信頼を大切にしてきた」という藤原さんの言葉は傾聴に値する。かのトム・ピーターズでさえ、リーダーシップのような複雑な現象を一つのキーワードで示すことはできないが、もし示せと言われれば、それは「信頼」だと言ってのけている。

神戸大学の金井ゼミでは、長い夏休みの後、二カ月ぶりにゼミ生たちと会うセッションで、「夏期休業中に最も感動した経験のレポート」が恒例の課題になっている。感動の定義は難しいが、私自身は、景色でも音楽でも人物でも、そこを訪ねずに、それを聴かずに、またその人に会わずに今までいたなんて信じられない、もしそれらを知らずに死んでしまったらどうなっていただろう、というレベルの感情の動きを伴う経験が感動だと思う。

学生たちのレポートからは色々なストーリーが出てくるが、旅が多い。テーマ的には、世界を広げた、自分のことが前よりよく分かった、あるいは今まで知らなかった自分に気づいたという感想が多い。つまり感動ストーリーのライトモティーフは「世界広げ」と「自分探し」なのだ。

これは就職活動向けの雑誌によく載っている、クイズもどきで十分間で終わるような「自分探し」とは異なる。つまりは、この種の最悪な「自分探し」と、結果としてリーダーとなる人ならば自分の声を聴き、自分という人間をより深く知る必要があるという意味での、本来のあるべき「自分探し」とを区別すべきなのかもしれない。後者は、クイズではなく旅を伴った「自分探し」でもある。

実際、野田さんがリード・ザ・セルフのためには、自分の「内なる声」を聴くことと「一人称による語り」が大事だと言うのは、本来の意味での自分を知ること、自分の内面を見つめることにかかわっている。先にふれたクーゼスとポスナーは『リーダーシップ・チャレンジ』(原著第三版、二〇〇二年)で、リーダーシップの要諦として、まず「歩むべき旅の道を形作る」という実践課題を挙げている。その中の第一のコミットメント課題こそが、「自分の価値観を明らかにして自分の(内なる)声を発見すること」(Find your voice by clarifying your personal values)だ。

私はリーダーシップとキャリアは車の両輪だと他の本でも述べてきたが、キャリア発達の節目でよく実施される「キャリア・アンカー」（自分が一番自分らしいと感じられるキャリアのよりどころ、もしくは投錨《とうびょう》先。マサチューセッツ工科大学〈ＭＩＴ〉のエドガー・Ｈ・シャインが提唱した概念）を知ることも、そのエクササイズがうまく実施されれば、皮相な「自分探し」でなく、深みのある「自分探し」につながる。そこでは、その人の価値観だけでなく、才能や能力、動機や欲求にも目を向けることになる。「何がうまくできるか」「どのような欲求が自分の中で強いのか」「何をしている自分に意味や価値を感じるのか」という問いから、統合的にとらえられる自分の姿を示唆《しさ》するのがキャリア・アンカーだ。

真っ当な意味での「自分探し」は、思えば、「汝自身を知れ」がいつも合言葉であった哲学そのものの課題のひとつでもあるし、その大切さは、リーダーシップやキャリアの研究者だけでなく、優れたキャリアを歩み結果としてリーダーとなった実践家も指摘してきた。例えば、松下幸之助氏は「指導者の条件」の中に「自分を知る」を挙げている。そのような経営者としての豊富な経験とリーダーシップ持論の中から語られる自分探しと、就職活動中の学生が安易に飛びつく「自分探しエクササイズ」のような自分探しとは、やはりまったく違ったものだと言うべきだろう。長い人生を送り、その半ばも過ぎた頃になって、ようやく

「これが自分かな」と見えてくるものが自分だ。

信用蓄積競争の落とし穴 ―野田―

「自分探し」と「夢と志」は違うものではないかと前置きしたが、その上で、藤原さんから問題提起された「信頼の土台」についてもう一段深く考えてみたい。ここでは私なりに「信用の蓄積」という言葉に置き換えて話を進めていく。

険しいリーダーシップの旅を歩んでいく上で、周囲からの信用はあった方がいい。多くの場合、旅は一人では歩めない。例えば、私が背中で見せてついてきてもらうにしても、価値観や感情に訴えて人々を巻き込んでいくにしても、周囲は私の信用蓄積の度合いを意識し、それによって反応するだろう。たとえ、私自身が信用蓄積など一切気にするつもりがなくてもきっとそうだ。

また、リーダーが見ている「見えないもの」は周囲には必ずしも見えない。いくら「さあ見えるだろう」と呼びかけようと、「本当ですか」と訝《いぶか》しがられることもある。であるならば、やはり、信用の蓄積はあった方がいい。少なくとも「自分探し」に迷い込んでいつまでも旅を始められないよりは、着実に何かを成し遂げ、周囲の人々、組織の上司や同僚、顧客、ひいては社会全般からの信用を得ていくことの方がよほど大切だと思う。

　だが、信用蓄積の行き着く先には、大きな落とし穴が口を開けて待っている。それは、蓄積に励むうちに、それが手段ではなく、目的にすり替わってしまう可能性があるからだ。そうすると、私たちは、蓄積した信用を土台として何を本当はやりたかったのか、信用を土台として何を成し遂げるべきかを自らに問うことを忘れてしまう。

　読者の皆さんの中に、政治家を目指している人がいるかもしれない。そういう人は大きな「夢と志」を抱き、この国のあるべきかたちに思いを馳せていることだろう。日本という国は世界の中でどのような存在感を示せるか、国民にどんな顔で毎日を過ごしてほしいのかについて、ビジョンとまでいかずとも、自分なりの像をスケッチしているに違いない。

　そんなあなたが、もし理想を実現しようと思うなら、たいていの場合、まずは政党に入ることになる。属した党が野党であれば、党全体の目標は政権奪取だ。けれども、党の支持基盤は労組やいくつかの団体の寄り合い所帯だったりして、党とそれらの団体の間では、あなたの政策イメージとは必ずしも一致しない議論も繰り返されるだろう。党や支持団体から信用を得て、選挙にあたって公認を獲得するために、あなたは自分の日頃の言動を自制せざるをえなくなるかもしれない。

公認が無事取れたとしても、あなたの悩みは続く。あなた個人としてはむしろ政権与党の政策に一部共感していたとしても、党としての意見を際立たせ、選挙に勝つために、論点を絞って与党との違いを訴えることを優先させなくてはならないかもしれない。

それでもあなたは頑張って、晴れて初当選できたとしよう。あなたの声が党の政策や運営に反映されるためには、あなたは党内での存在感を高めなければならない。そのためにあなたは、今度は当選回数を重ねなくてはならない。委員会での論戦で党の期待に応え、さらに当選し続け、シャドーキャビネットに名を連ね、党役員への階段を登っていく。そのことが優先目標になるかもしれない。

当選を重ねるためには、選挙区における地盤をしっかりと固めなくてはならず、後援者の信用を得るためには、街頭演説や講演会も欠かせない。彼（女）らの陳情にも根気強く時間を割き、時には、地元の有力者たちと酒を酌《く》み交わすことも必要だ。あなたが男性なら奥さんに後援会婦人部を作ってもらって、女性票の取り込みを手伝ってもらう必要もある。たまには支持者たちとの旅行会を催すといった地元サービスも怠ってはいけない。

こうした中、もちろんあなたは理想を追い求め続け、国政への参加はそのための手段だと自分に言い聞かせる。しかしその一方で、政治は理想を実現することではなく、現実を理解し、現実という限られた枠の中で精一杯働くことであるという考えが、無意識のうちにあなたに刷り込まれていく可能性だってある。議員になることは手段であったはずなのに、議員であり続けることが目的に変質し、ある時そのことに気づいたあなたを戸惑わせる。

どうだろうか。「現実政治」の世界で、私たちのどれくらいが「この国をどうするか」という「夢と志」を本当に忘れずにいられるだろうか。たとえ、夢や志をもち続けられたとしても、いつか実現したいと思っているだけで、なかなか声に出して語れなくなっていくおそれは本当にないのだろうか。

日本の政治家や政党政治を批判するつもりでこんな話をしているわけではまったくない。現実と向き合いながらも初心を忘れることなく、リーダーシップの旅を歩み続けている政治家は多いし、私の友人にも複数いる。言いたいことは、初心を忘れないことがいかに困難かということだけだ。それに、手段であった信用蓄積が、いつの間にか目的に変わってしまい、かつての夢や志が消えうせていく政治家がいたとしても、だれが笑ったり、批判したりできるだろう。現実に染まっていくのは、政治家だろうが、ジャーナリスト、教育者、ビジネスマン、官僚だろうが、同じなのだから。

よく企業や組織に就職したばかりの若者が、「まずは自分に力をつける」「実績を作って、ともかく人に対して示せるような人間になろう」などと自分に言い聞かせる。その気持ちはとてもよく分かるし、現に、私も親しい若者に同様のアドバイスをすることが多い。社会人にとって、信用を蓄積することは何よりも大切だ。実社会の中で実績を上げ、人に認知されて、信用をかち取る。その土台がなければ、「本当にやりたいこと」がやりたい時にできないのも事実だろう。

だが、組織や社会の中で信用を獲得し、蓄積するためには、組織や社会の一員として行動すること、組織や社会のルールの中に自分を置くことが前提となる場合が多い（海外で武者修行して名を上げる、一旗揚げるというケースもあるから、すべての場合ではないが）。ルールの中での信用蓄積は、比較的同質的な社会に暮らし、受験戦争の洗礼を幼少時に受ける私たち日本人にとっては、一種の競争になりがちだ。ライバルよりも大きな成果や信用の蓄積度合いが、時に給与やボーナスといった報酬額に跳ね返り、出世に反映される。世間の評価というものが評価尺度になると、「やれば認められる」「認められるためにやる」という具合いで、信用蓄積はゲーム化していき、私たちはそのゲームの中に埋没していく。その結果、「本当にやりたいこと」をいつの間にか忘れてしまい、当初は何かを成し遂げるための手段だったはずの信用が目的になってしまう。

『アルケミスト』のクリスタル商人－金井－

今の野田さんの話を聞いていて、ブラジル生まれの作家パウロ・コエーリョの『アルケミスト』（山川紘矢・山川亜希子訳、角川文庫、一九九七年）を思い出した。野田さんと私の共通の愛読書だ。

この小説の主人公、羊飼いの少年サンチャゴは、エジプトのピラミッドに彼を待つ宝物が隠されているという夢を見る。夢を信じたサンチャゴは羊を売り払って、アフリカの砂漠を越え、ピラミッドを目指す。物語全体を通じて、より広い世界への旅、心のジャーニーでもあるような旅が描かれていて、本質的に正しいことを目指していれば、きっと応援がある、運命も味方してくれるという思いに突き動かされながら旅を続ける少年の姿が読み取れる。

この小説には、運命を占うだけの人、留まる人、旅に出られるはずなのに、自分はもうそうしないと思い込んでいる人など、様々な人物が出てくる。

印象的な一人が、ある町でサンチャゴ少年と出会うクリスタル商人だ。三十年間、クリスタルの品物を売買して過ごしてきた彼は、イスラム教徒としてメッカへの巡礼という目標をもっていた。いつか金持ちになればメッカに行けると思い、商売を続けてきたが、お金が貯まってからも、他人に店を任せて旅に出ることがどうしてもできなかった。その理由を商人は「クリスタルはとても壊れやすいものだからだ」とサンチャゴに打ち明ける。

「おまえはわしとは違うんだ。なぜなら、おまえさんは夢を実現しようと思っているからね。わしはただメッカのことを夢見ていたいだけなのだ」

このセリフをクリスタル商人に言わせることで、作者は、旅をするために貯め込んだものが、いつの間にか自分を縛り、旅を始められない理由になってしまうことを巧みに表現している。

内なる竜を退治する－野田－

金井さんが第一章で名前を挙げた神話学者J・キャンベルは、ジャーナリストのビル・モイヤーズとの対談で、とても深遠な言葉を残している。

「もしあなたのしている仕事が、好きで選んだ仕事ならば、それが至福です。しかし、あなたがある仕事をしたいのに『駄目だ、とてもできっこない』と思っているとしたら、それはあなたを閉じ込めている竜ですよ」（飛田茂雄訳『神話の力』早川書房、一九九二年）

西洋の神話や物語に出てくる竜は、私たちの自我を縛りつけている事実そのもの、究極的には、私たちの内面にあって私たちを抑えつけている自我の象徴だとキャンベルは言う。また、西洋の竜は「貪欲」の象徴でもある。秘密の洞穴にいて、黄金や捕まえてきた美女といった宝物を見張っているからだ。竜は宝物をどう扱っていいのか分からず、竜にとっては、美女もあまり意味はもたない。しかし、ただ持っていたいから持とうとし、ひたすら失わないだけのために番をしている。

私たちが欲しがっているもの、信じようと思うもの、私たちが可能だと思うこと、愛すると決めたもの、私たちが自分は絶対にこういう人間なのだと思っているもの、それが自我だ。だが、あまりにもちっぽけな自我は、私たちを釘付けにする。社会や組織から与えられたものが、自分にとっての生き甲斐の中核となり、さらに人生そのものになってしまうと、私たちは心の叫び、「内なる声」を聴くことができなくなる。

冒険譚の英雄は竜（＝自我の殻）を打ち破り、退治することによって世界に生気を与える。世界に生命をもたらすための唯一の道は、私たちが自分自身にとっての生命のありかを見つけ、自分が生きいきと生きることだと、キャンベルは説く。

『アルケミスト』のクリスタル商人にとっての壊れやすいクリスタル、やっともつことができた一軒の店は、メッカ巡礼が宿願だったはずの商人を束縛するもの、キャンベルが言う

「竜」に符合するのではないかと私は思う。何かを達成するための手段だったものが、守るべきものとなり、それ自体に本当の意味があるのかどうかを問う気持ちが薄れるにつれて、いつしか自分を縛る足かせに変わっていく。蓄積した信用も同じだ。貯め込んだものが捨てられなくなると、人は旅への一歩を躊躇してしまう。蓄積した信用は、それを使うためにあるのに、それを守ることが優先順位の上位になってしまうのだ。

イデオシンクラシー・クレジット－金井－

野田さんの発言を踏まえて、「信用蓄積」（クレジット・アキュミュレーション）というリーダーシップの理論をここで説明しておこう。

社会心理学者のE・P・ホランダーは、エマージェント・リーダーを研究課題とした古典的な実験室実験から、信用のダイナミックな蓄積に注目し、リーダーシップの発生を潜在的リーダーとメンバーの間の相互期待の形成過程の中にとらえようとした。

だれかがある集団に招き入れられたばかりの時、その人は新人だから、当然いきなりリーダーシップをとることなど期待されていない。組織に加入して間もない頃は、まずは今までのやり方で、それなりの成果を上げることを期待される。

例えば、中学・高校とアメリカン・フットボールの名門校でプレーした経験のある人が、大学でもアメフト部に入ったとしよう。どんなに優れた選手で、中高では主将まで務めた人であっても、まずは入った大学チームのやり方を尊重し、それに従いつつ、チームに貢献することが先輩や同輩の信用を得る道だ。

つまり、この段階では、有能さ（コンピテンシー）を発揮してみせると同時に、これまでの集団規範に沿って忠実に行動しているという同調性（コンフォーミティ）をメンバーに納得してもらわなければならない。既存の方法を遵守、あるいはそれに服従して業績達成に貢献を重ねていくことにより、信用が築かれる。信用蓄積とは、いわば有能性と同調性の証拠の集積からなるファンドだ。

しかし、その選手がチームで活躍して高学年になり、とうとう新主将に選ばれると、これまでとは違うやり方が同輩と後輩から期待されることになる。既存の規範にあき足らなくなったメンバーの間に、必要とされる変革、従来の集団規範から逸脱するような革新的提案をリーダーに望む期待が形成されていくからだ。これをホランダーは、信用の蓄積によって期待されるようになった特異行動（イデオシンクラティック・ビヘイビアー）と呼んだ。特異行動とは、組織や集団における創造的で革新的な行動を指す。

この信用蓄積理論は、「特異性を許容する信用（イデオシンクラシー・クレジット）理論」という別名でも知られている。言葉は硬いが、信用はいわば積立貯金のようなものという考え方は分かりやすい。

時間と努力をかけて信用が蓄積されると、リーダーの行動に対するフォロワーの承認が促されるだけでなく、リーダーによるイノベーションがフォロワーによって待望されるようになる。それを許されるだけの貯金が貯まっているのに、もし、リーダーが信用蓄積の上に安住していて貯金をおろそうとしなければ、かえってフォロワーの信用を失いかねない。信用の貯蓄がたくさんあれば、それを行使しない方が期待はずれ、というわけだ。クレジットが十分あるなら、イノベーションに対してケチってはいけない。しかもその際のリーダーの行動は、信用の蓄積量に見合ったその人らしい個性的で独自・特異なものでなければならない。

『アルケミスト』のサンチャゴ少年が大切に守ってきた羊が、信用の蓄積に当たるとしたら、サンチャゴは羊を売ることで、信用の貯金をくずし、束縛を断ち切ることによって冒険の旅に出たことになる。あの物語にフォロワーは登場しないけれども――野田さん流の表現では、リード・ザ・セルフの段階にあるのだろう――もしも、冒険の過程でサンチャゴにフォロワーがついてきたとすれば、つまり、リード・ザ・ピープルという段階までいけば、フォロワーによって「我々は次にどこへ旅をするのですか」と肩を押されることもありえたかもしれない。

後ろのドアを閉める―野田―

金井さんの話を聞いていて、不思議な因縁を感じる。私はハーバード大学で博士課程に在籍していた頃、高名なリチャード・ハックマン教授の社会心理学の授業を取って大変興味を覚えた。授業の中でとりわけ深く印象に残ったのが、このイデオシンクラシー・クレジット理論で、それ以来、リーダーシップを考える際には、いつも思い出していたからだ。

この理論の中心には、金井さんの説明通り、「特異性の許容」というフォロワーもしくは潜在的フォロワーからの視点がある。信用を積み重ねてきた人に対し、周囲は「お手並み拝見」「とりあえずサポートしてみようか」という態度をとり、その人が現状から逸脱し、冒険するスペースを与える。これは藤原さんの言う「信頼の土台」に通じるものだと思う。

ただ、理論を越えて重要な点は、金井さんの言う、貯金（貯めた信用）はおろさなければいけないということだ。自分が積み重ねてきたものをおろして使う。ある場面においては、それを捨てるぐらいの勇気がなければ、リーダーシップの旅は始まらないし、旅を歩み続けることもできないだろう。周囲からの信用による呪縛と、自分が本当にやりたいことへの思いが葛藤を生む時、リーダーに結果としてなる人は、自らの価値尺度によって決断を行い、その状況を超克しようとする。この超克には、痛みを感じつつも何かを選択する感覚が必ず伴う。

この痛みを恐れ、組織の中で信用をかち取りながらも、自我を抑えつけていると、『スター・ウォーズ』のダース・ベイダーのように、ついには機械の一部のような存在になってしまう。ルーク・スカイウォーカーは旅に出たが、その父アナキンは旅に出られなかった。これがルークとベイダーの運命をまったく違うものにしたのだ。

ここで、読者の皆さんには、もう一度、沼地のメタファーを想起してもらいたい。じめじめした沼地を渡り、深い森を抜けて、青い空を見たいという思い（夢と志）がリード・ザ・セルフ、旅の出発点となる。もちろん沼を渡ろうとする前に、ある程度の深さぐらいは推測した方がいい。装備もそろえた方がいい。いざと言うときにおぼれないためには、体力を鍛え、水泳法もマスターすべきかもしれない。知識やスキルはあるに越したことはない。

しかし、知識やスキルだけでは、決して沼地は渡れない。最初の一歩を沼地に踏み入れなければ、何も始まらないからだ。そして、その時に絶対やってはいけないことがある。それは打算だ。このまま村に残り、村人たちの信用を得るような行動をとり続ければ、いずれは村長の娘と結婚でき、そうすれば村の中でそれなりの地位を確保できる、うまくいけば、次の村長になれるかもしれないといった計算だ。沼を抜ける喜びと、現状のまま信用を積み重ねていけば後で手に入りそうな喜びとを天秤にかけてしまうと、もう旅には出られなくなる。前者は不確実性とリスクに満ちているし、後者はこれまでの実績による裏づけがあるからだ。天秤は、必然的に後者に傾く。

人生はいくつもの選択肢によって構成されている。意識していようが、無意識だろうが、私たちは無数の選択を繰り返しながら生きていく。小さな選択が転機となり、結果的に人生を大きく変えてしまうことだってあるだろう。

目の前にいくつものドアがあり、私たちはそのうちのどれかを選んでいるとイメージしてもらえば、分かりやすいかもしれない。どの大学に行って何を専攻しようか、いつ結婚して子供をもとうか、会社を辞めるべきか残るべきか。どのドアを選ぶかによって、私たちは人生を自ら形づくっている。

大事なポイントは、目の前のドアを開けるためには、後ろのドアを閉じなくてはならないということだと思う。より正確に言うと、前のドアは、後ろのドアを閉めないと開かない仕組みになっているのだ。この後ろのドアを閉めるという行為において、私たちは悩み、苦しむ。後ろのドアを閉じられないから、前のドアを開けられない。蓄積した信用をあえて捨てるという行為は、後ろのドアを閉めることだ。

『アルケミスト』のサンチャゴ少年は、羊飼いとしてアンダルシアのすべての平原と牧草地を知り尽くしていた。けれども、大切に守ってきた財産である羊をすべて売り払い、アフリカへの旅に出た。クリスタル商人と出会った時は、彼のように、ただメッカを夢見るだけの生き方もあるのかもしれないとも考えたが、それでもサンチャゴは旅を続けた。サンチャゴの旅は、後ろのドアを閉めることの連続だったのだ。

楽天・三木谷社長はなぜ興銀を辞めたか ―金井―

楽天の三木谷浩史社長は、一九九五年の阪神・淡路大震災の時に廃墟の風景を見て、「興銀を辞めようと決意した」と様々な場で語っている。震災直後、郷里に帰ってみると、よく知っていた風景が崩れ、遺体が転がっていた。近親者の中では叔父と叔母を亡くした。焼け跡の中で、三木谷氏は「人生って有限だったんだ」と気づいたのだと言う。

その時、三木谷さんが考えたのは、一度きりの人生で、やってする後悔とやらないでする後悔だった。「ラーメン屋の親爺をやって失敗した場合と、興銀の頭取になった場合と、どっちが最後、満足感を得られるか」に思いをめぐらし、「失敗したラーメン屋の方だ」と判断したそうだ。（「ＷＥＤＧＥ」一九九九年十一月号）。神戸大学での講演会でも、彼は起業のきっかけについて「人生を後悔するという最大のリスクを回避している」という表現をされていた。

これは一見、野田さんが危惧する「沼を渡るか、村長の娘と結婚するか」という天秤のかけ方と似ているようで、大きく違う。三木谷さんは言わば、村に居続けた場合の後悔と、沼を渡りそこねた場合の後悔をはかりにかけたのであり、同時に、村に残って村長になれた場合の満足と、たとえ沼を渡りきれなかったとしても得られるだろう満足をはかりにかけているからだ。

人は多かれ少なかれ、ヒードニズム（快楽主義）だから、得られそうな満足で選択肢を天秤にかけるのはよくあることだ。しかし、たった一回の人生やキャリアという航海の節目で、残りの生涯、自分に開かれている様々な選択肢のうち、これをやらなかったらどういう後悔があるのかという観点は、悔いのない人生を送る上で重要だろう。「人生を後悔するという最大のリスク」という表現にはドキッとする。それは、快楽主義ではなく、冒険主義であり、己に対して旅立ちを促すものだからだ。

夢の現実吟味 ―金井―

野田さんがあくまで「夢と志」にこだわろうとするのは、信用蓄積だけでリーダーは行動し続けられるかという問題を突いているからだろう。私もリーダーには夢・志・ビジョンを語ってほしいと思う。全体的な傾向として、残念ながら日本企業のミドルは夢・志・ビジョンをあまり語らない。他方で、部下に任せることはできていて、要望も厳しく出せている（これらは、リクルートOBSⅡなどの蓄積データが示す傾向）。これだと、マネジメントをしているだけになるし、今までのやり方が通用しなくなった時に、夢・志・ビジョンがないと、周りの人々はおろか自らを動かすエンジンが弱くなる。

もう一つ大切なことだが、夢・志・ビジョンを語る時は、それが本当に本気なのかどうかこそが問われるべきだ。必ず実現するという強い意志をもたずに、ただ希望的観測を語るだけの夢、ないものねだりに聞こえる夢では人々の胸に響かない。つまり、信用できるかどうかは、その夢が本物かどうかにかかわってくる。裏返せば、「その夢が信じられる」から信頼を生み出すのではないだろうか。

キャリア発達の研究で色々な人に会ってインタビューすると、「夢なんかなかった」「夢をもっていても実現しない」と答える人がずいぶんいる。実際問題、夢が簡単にかなうとは限らないのだが、人生の節目に突如として夢が急浮上する場面もまたよく見られる。自分は本当は何がやりたかったのかを真剣に考え始めた時、夢と現実の照合が起きるのだ。

子供が抱く夢は現実性に乏しく、無垢だからこそ純粋で美しく見える。夢は不要だと主張する人は、そんな夢の弱体さに目を向ける。「夢みたいなたわけたことを」というわけだ。しかし、例えば人生の半ばを過ぎようとするミドルが人生の節目で「ちょっと待てよ」と立ち止まり、「俺はもっとやりたいことがあったんだよな」と振り返る時は、夢が現実と照らし合わされて吟味されている。そのまま夢に向かって進んでいけるかどうかは信用の蓄積具合にかかっているけれど、夢が目標に練り直され、絵に描いたのではない餅になる可能性がある。

「夢なんか実現しっこないと言う人もいるが、実は夢しか実現しない」。これはＴＳＵＴＡＹＡを展開するカルチュア・コンビニエンス・クラブの社長、増田宗昭さんから私が聞いた言葉だ。

ハーバード大学で研究をして、ＩＮＳＥＡＤで教鞭をとるハーミニア・イバーラの調査を見ていると、大きなキャリア・チェンジ、例えば、精神科の医者が僧侶になるといった例がいくつもある（宮田貴子訳／金井壽宏監修・解説『ハーバード流キャリア・チェンジ術』翔泳社、二〇〇三年）。野田さんが大学という世界を去ってＮＰＯを始め、リクルートで大活躍だった藤原さんが、そこを辞めて教育改革のために校長となるというのも、そういう中年のキャリア・チェンジの例だろう。一人は夢と言い、もう一人は信頼と言うが、ともに、なりたいものになり、やりたいことをやる旅に出た点では共通している。

三十代、四十代以降の旅立ちは、リーダーシップの第二段階リード・ザ・ピープル、第三段階リード・ザ・ソサエティをへて、結果としてリーダーになる旅へとつながる可能性が高い。夢や志によってであれ、信用の蓄積次第であれ、そうなれる可能性がさらに高まる。

ナメクジの道を振り返る―野田―

金井さんの、中年が見る夢は現実性とのすり合わせができていて意味がある、という意見は非常に深い。

世の中には初めから夢をもっていて、それに向かって突き進んでいける人もいる。それで成功できれば、一番しあわせかもしれない。

けれども、初めから夢を抱き、その実現に向かってスタートを切れる人はほんの一握りだと思う。今は夢や志を口癖にしている私だが、若い頃は、明確な夢が見つからず、心が中途半端に揺れ続ける不安定な若者だった。研究者になる前の二十代は、銀行に勤めていたが、金融という無形のサービスをＢ to Ｂで法人相手に売り込む営業の仕事に虚しさを感じ、悩む毎日だった。「もっと人に喜んでもらえる仕事がしたい、できれば夢を人に与える仕事がしたい」という思いが募り、焦燥感にかられて転職を考え、かなうものなら、サンリオかウォルト・ディズニーで働きたいと本気で考えた。短絡的で恥ずかしい話だが、世間知らずの私には夢と言えばサンリオかディズニーしか当時思い浮かばなかったのだ。しかも、実際には転職へと踏み切れないまま、モラトリアムで米国のビジネススクールにＭＢＡ留学してしまったというお粗末な経験がある。

だからこそ思うのかもしれないが、中年がある時期、立ち止まり、自らの来し方を振り返ることには意味がある。三十代半ばから四十代は、「人生の正午」に当たる。学校を出て働き始めて二十年近くが過ぎ、定年を迎えるまではまだ二十年少しを残している。十分に経験を積み、現実もそんなに甘くないことは分かっている。そのぐらいの年齢で、自分は本当は何を実現したかったのかを考え直す意味は非常に大きいのではないだろうか。

念のため言い添えると、「会社を辞め、家族を捨てて……」などとそそのかすつもりはない。今いる場所に本当の自分はいないと考えてしまったのでは、「自分探し」そのものだ。そうではなく、今なぜ仕事をしているのか、その会社や組織で働くことにどういう意味があるのか、自分のいる場所にとどまり、会社や組織、社会に対しても貢献できて、そして何より自分が生きいきできる夢とは何なのかを、考えることもできるのではないか。とどまって挑戦する。精一杯やって、どうしても駄目だったら、別の場所を考え始めればいいのではないだろうか。そう私は、強く、とても強く信じている。中年の夢は、自分と真剣に向かい合い、よりよく生きるためのガイド役になりうる。

ただ、そうかといって、中年の夢が、神の啓示の如く、非連続に突如降りてくるというわけでもないだろう。むしろ今まで生きてきた自分、自分が無意識にしても大切にしてきた自分との連続線上に、夢が浮かび上がってくるものだと考えられる。

変な比喩だが、ナメクジがゆっくりと這った後には白い線が残る。這っていく先に線は見えないけれど、後ろにはまるで道のように跡が残っており、それが進むべき方向を指し示しているように見える。このような、進んでいく前には見えなくて、歩いた後で見えてくる道が、人間にもあるのではないだろうか。大人が見る夢、それは一人一人が、自分にとってのナメクジの跡を振り返ることから始まっていくような気がする。

キャリアとは、「たった一回限りの人生を運ぶもの」 ─金井─

ナメクジが這った後に残る白い線こそ、そもそもキャリアの語源にかかわる。

キャリアとは、「たった一回限りの自分の人生を運ぶもの」という意味で、馬車や車と同語源であり、馬車が去っていったあとの轍《わだち》がキャリアにほかならない。また、轍は振り返ったらついている過去という意味で大切なのでなく、その足取りを見てこそ、これからどう歩むべきか、違う旅にそろそろ向かうべきかどうかが垣間見られる点で大切なのだ。つまり、轍とは、将来を展望するためのものでもある。

読者の皆さんの人生を運ぶものは、何を原動力に動いているのか。キャリアを歩む力やリーダーシップの旅に出る力、その原動力は何なのかを知る必要がある。起業する人、冒険に出る人だけを特別視せずに。

「不毛な忙しさ《アクティブ・ノンアクション》」にとらわれる私たち ―野田―

もちろん、中年が夢を見て、リーダーシップの旅を歩み出すことは、現実にはそれほど容易ではない。立ち止まり、自分と対峙《たいじ》し、自分のこれまで来た道、自分にとってのナメクジの跡などを振り返る機会をもつこと自体が、私たちには難しい。

読者の皆さんは、こんな症状に心当たりがないだろうか。

企業や組織の中核として、毎日の人生にそれなりの充実感がある。社交的で、仕事を越えたネットワークも広い。忙しいと自分でも思うし、時には人にもそうこぼす。その半面、自分は必要とされているのだという満足感も抱いている――。

自覚症状がもしあれば、あなたは、「アクティブ・ノンアクション」というワナに絡め取られている可能性がある。毎日を多忙に過ごしているにもかかわらず、本当に必要で意義があり、真の充足感をもたらしてくれる何かについては、まったく達成できていない状態。行動しているように見えて（アクティブ）、実は何の行動もしていない（ノンアクション）という危険な落とし穴だ。

アクティブ・ノンアクションとは、ロンドン大学教授で、私の人生の師でもあった故スマントラ・ゴシャールの命名であり、「不毛な多忙」と意訳してもいいだろう（ハイケ・ブルック、スマントラ・ゴシャール／野田智義訳『意志力革命』ランダムハウス講談社、二〇〇五年）。リーダーシップの旅への出発を妨げるという意味では、信用蓄積競争と重なる部分があるし、信用蓄積競争の結果、発症するとも言えるかもしれない。

厄介なことは、このワナにはまっているのは、組織の中で「できる」と評価されている人たちが多いという事実だろう。そんな人は周囲の信頼も厚いので、やれ打ち合わせだ、会議だ、タスクフォースだと何かにつけて引っ張り出される。努力家で、責任感が強く、達成意欲が強い「できる私」にとって、周囲からの要望や組織からの要求をはねつけるのは難しい。しかも、まさか自分が落とし穴にはまっている、などと思わないからなおさら厄介だ。

それだけではない。社会的動物である私たちには、だれかに認めてほしい、だれかとつながっていたいという深層心理がある。人から承認されているとうれしいし、安心だし、ネットワークの中枢にいると、プライドもくすぐられる。無意識に、私たちは、周囲や組織からの要望・要求に応じ、人と人のネットワークの維持に専念することになる。

その結果どうだろう。新しいものを創出したり、現状を大きく変えたりするようなチャンス、言い換えれば、リーダーシップにつながる何かが、ふと見つかったとしよう。そのチャンスに今と同じエネルギーをつぎ込めば、何かを実現できたかもしれないのに、そこから意識的に目を背け、忙殺を言い訳にしてしまう。絶えず多忙に追いまくられているにもかかわらず、本当に意義があると思われること、本当に必要だと思われることを、「できる私」が避けて通ってしまう。これがアクティブ・ノンアクションの核心だ。

アクティブ・ノンアクションにはモメンタム（慣性力）があって、一度その中に絡め取られてしまうと、加速度がつき、そのまま走り続けてしまう。モメンタムと自分が完全に重なると、私たちはモメンタムの中にいることすら見失ってしまう。

ミヒャエル・エンデの名作『モモ』（大島かおり訳、岩波文庫、二〇〇五年）を読んだことのある人はいるだろうか。あの本には、灰色のスーツを着た「時間泥棒」に少しずつ時間を奪われていく大人たちが描かれている。時間泥棒と戦う少女モモの姿にわくわくしたことがある人たちでも、大人になって、いつの間にやらアクティブ・ノンアクションという現実の時間泥棒に時間を奪われ、自分自身までが灰色のスーツを着込んでしまっていることにはなかなか気がつかない。

偽りの満足感から脱却するのは容易ではない。組織の要求をはねつけ、自分を解放するためには、勇気がいるし、怖くもある。それまで属していたネットワークから、一時期にではあっても離れようとすれば、寂寥感も味わうことになるだろう。だが、それをしなければ、旅が始まらない場合もある。

忙しいのは大きな絵が描けていないから－金井－

アクティブ・ノンアクション――スマントラ・ゴシャールとハイケ・ブルックによる前掲書の野田さん訳では「行動的な不行動」――は経営の障害となり、リーダーシップへの旅を妨げもする。これに対峙される言葉は「purposeful action（目的意識を伴う行動）」で、こちらは、エネルギーも満ちあふれているし、同時に集中力も高い状態を指す。

スマントラたちは、エネルギー水準の高さ低さと集中力の高さ低さの組み合わせで、経営行動を四つのタイプに分けている。そのうち、エネルギーは高いが、集中力が低いタイプを「The Frenzied」（野田さん訳では「一生懸命タイプ」）と呼ぶ。このタイプは、昔、吉本新喜劇の俳優の一人がよく演じたごとく、「はっ忙し、はっ忙し」と取り憑かれたように動き回るが、事は進まない。「一生懸命タイプ」だと語感がよすぎるので、「空回りタイプ」「取り憑かれタイプ」あるいは「狂暴タイプ」と呼んでもいいのではないか。元気だけど、その元気が傍迷惑で、ややもすれば周囲の人たちを疲弊させる。本人には深い内省がなく、忙しいか忙しいふりをして、一日、一月、一年、果ては一生を終えるような人だ。

アクティブ・ノンアクションという言葉にドキッとするのは、野田さんの言うように「できる人」たちの中に多いからだ。スマントラたちの調査によれば、このタイプが実にマネジャー層では四割もいる。

かつて、拙著『組織変革のビジョン』（光文社新書、二〇〇四年）を出版してもらった時、本の帯に「忙しいから絵が描けないのではなく、描けないから忙しいだけだ」と添えてもらった。この言葉もアクティブ・ノンアクションにかかわる。多忙だと嘆くビジネスパーソンほど、大きな絵を描いたり、それをじっくり、必ず完遂するための集中力をもったりできない場合は多い。例えば、会社に顧客からクレームがあれば飛んでいく。しかし、クレームの出ない体制づくりという、より大きな絵が描けないままだと、いつまでたってもクレーム処理に追われることになる。

このような状態を見てとった、前出のH・A・サイモンは、「悪貨が良貨を駆逐する」という「グレシャムの法則」になぞらえて「計画のグレシャムの法則」と名付けた。小さな意思決定が大きな意思決定を駆逐し、小さな意思決定のためのささやかな計画が、より長期を見越した戦略的な絵、グランドプランを作成する時間を奪ってしまうという意味だ。

人生が短いのではなく、その多くを浪費しているのだ－金井－

アクティブ・ノンアクションという概念の淵源は、もちろん野田さんの方が詳しいのだけれど、私が想い起こすのは、帝政ローマの初期、暴君ネロに事実上、命を奪われた哲学者セネカだ。セネカは「怠惰な多忙」という言葉を残した。その著作、邦訳でわずか五十ページ足らずの『人生の短さについて　他二篇』（茂手木元蔵訳、岩波文庫、一九八〇年）には、次のような警句が所狭しとちりばめられている。

・われわれが短い一生に生まれついているうえ、われわれに与えられたこの短い期間でさえも速やかに急いで走り去ってしまうから、ごく僅かな人を除いて他の人々は、人生の用意がなされたとたんに人生に見放されてしまう。

・われわれは短い時間をもっているのではなく、実はその多くを浪費しているのである。……われわれは短い人生を受けているのではなく、われわれがそれを短くしているのである。……人生は使い方を知れば長い。

・いつあなたは自分の計画に自信をもったか。自分が決めたように運んだ日はいかに少なかったか。いつ自分を自由に使うことができたか。いつ顔付きが平然として動じなかったか。いつ心が泰然自若《たいぜんじじゃく》としていたか。あなたがこんな長い生涯の間に行なった仕事は一体何であるか。

・諸君は永遠に生きられるかのように生きている。……充ち溢れる湯水でも使うように諸君は時間を浪費している。

・結局は誰の意見も同じであるが、多忙な人間には何ごとも十分に成し遂げることは不可能である。……実際多忙な人にかぎって、生きること、すなわち良く生きることが最も稀である。また、生きることを学ぶことほどむずかしいことはない。……しかし、生きることとは生涯をかけて学ぶべきことである。

・偉大な人物、つまり人間の犯すもろもろの過失を超絶した人物は、自己の時間から何一つ取り去られることを許さない。それゆえに、この人生はきわめて長い。

・どんな時間でも自分自身の必要のためにだけ用いる人、毎日毎日を最後の一日と決める人、このような人は明日を望むこともないし恐れることもない。

・人生は三つの時に分けられる。過去の時と、現在の時と、将来の時である。このうち、われわれが現在過しつつある時は短く、将来過すであろう時は不確かであるが、過去に過した時は確かである。……この過去を放棄するのが、多忙の者たちである。……多忙の人々にはただ現在の時だけが関わりをもち、しかもそれは捕えることもできないほど短く、その短い時でさえも、方々に気の散っている彼らであるから、知らぬうちに取り去られてしまうのである。

セネカが語る「怠惰な多忙」、スマントラが注目する「アクティブ・ノンアクション」の意味はもうお分かりだろう。現在を忙しくは生きているが、今やっていることの意味を探すような来し方の内省をせずに、過ぎ去る今日を集中力なく気が散るままにカラ元気で生きるのは、よしたほうがいいということだ。

ここから二つの指針が生まれる。一つは、活動が過ぎる度に内省して、後付け、後知恵でもいいから、意味付けることだ。もう一つはモータリティ（mortality）つまりいつかは死ぬべき運命への深い自覚だ。

ローマにちなんでもう一冊付け加えよう。五賢帝の一人にして哲人でもあったマルクス・アウレリウスの『自省録』（神谷美恵子訳、岩波文庫、一九五六年）を手にとって読んだことがあるだろうか。ローマ皇帝とは、政治リーダーであり、軍事リーダーであり、宗教のリーダーでもある。当然、大変多忙な人生を送った。それゆえアウレリウスは、己を振り返ること、内省することが大事だとすすめる。この薄い書物の出だしは、偉大だし心を打つ。アウレリウスは、自分が世話になった一人一人の名前を挙げていき、その人たちから何を学んだかを克明に記している。

私自身は、リーダーシップの研修で今までのところまだセネカやアウレリウスを素材にしたことはない。しかし、先に挙げたJ・L・バダラッコはこれらの哲学書をビジネスパーソンに読んでもらっている（金井壽宏監訳・福嶋俊造訳『「決定的瞬間」の思考法――キャリアとリーダーシップを磨くために』東洋経済新報社、二〇〇四年）。バダラッコは、リーダーシップをとる人のキャリアや人生の決定的瞬間に深い関心を抱き、ただ忙しいふりをして、旗振りの声が大きいだけのリーダーではなく、静かにリードする人を称える。ビジネスとは、単に「忙しいこと（ビジー・ネス）」ではないのだ。

「私は松永真理でいたかった」 ―野田―

中年になってからでも夢を見る人と、そうでない人を分けるものは一体何なのだろうか。夢や志を追わずに、信用競争に埋没してきた人が、アクティブ・ノンアクションのワナに気づいて、ある時ふと自分を振り返ったとして、そう簡単に「大人の夢」を描けるものだろうか。

大人になってから夢を見るためには、何か根源的なものが欠かせないと、私は感じている。それは、先ほど言った「ナメクジの跡」かもしれず、「夢の原型」とでも呼ぶべきものかもしれない。そして、このことが、私が藤原さんの指摘にもかかわらず、「夢や志」、あるいはそれに近い何かにこだわってしまう理由なのだと思う（あくまで「感じている」というレベルなので、客観性・科学的信憑性には自信がない。そんなレベルの議論であることを、読者の皆さんにはお許しいただきたいが）。

「何か根源的なもの」とは一体何だろうか。

私が「もしかするとこれかも……」と感じたのは、松永真理さんとの会話がきっかけだった。松永さんと言えば、リクルートで「とらばーゆ」の編集長を務めた後、ＮＴＴドコモに移って「ｉモード事件」の立役者となった人物だ。九九年には「日経ウーマン」主催の「ウーマン・オブ・ザ・イヤー」に選ばれ、今はバンダイの社外取締役をしておられる。

私は松永さんに「色々なことを実現してこられたあなたの原動力は何ですか。初めから何か夢をもっておられたのですか」と尋ねたことがある。松永さんからはこんな答えが返ってきた。

「よく聞かれるんですが、これをしたいという夢は残念ながらありませんでした。でも、私は幼い頃から『松永真理』でいたかったんです」

この言葉に、リーダーシップの旅を解き明かすカギがあるのではないか。そんなふうに私は感じる。

松永真理でいたかった——それは、自分が自分として生きることだ。組織に属していながらも、自分という個人の存在を忘れない。信用蓄積をするにせよ、肩書やポジションで勝負するのではなく、一個人として、顧客や取引先、そして社会と向き合う。そんな生き方が松永さんの言葉からは感じられた。明確な夢や志をもっていなかったにせよ、それらの萌芽をずっと大切にして生きてきた。そんな息吹が伝わってくるとても素敵な回答だった。

こう考えてみると、「結果としてリーダーになった」人は、この「私が私でいる」という自負が比較的強いのではないだろうか。自分への矜持《きようじ》に近いものだろうか。私には、これが、リーダーシップの旅において、重要な役割を果たしているように思えてならない。

人生はエピファニー ―金井―

すでに述べた通り、これらの来し方の振り返りは、将来を展望するためのものでなければならない。と同時にキャリアやリーダーシップの旅は、それを歩んでみないと、自分が何を求めていたのかわからないという側面がある。

異色の創造的な組織論学者にして、超人レベルの変人でもあるミシガン大学のカール・E・ワイクに「私が何を言いたいかは、言ってみないと分からない。だけど、何が言いたいのかおおむね分かっていなければ、何も言えない」という名言がある。そう考えれば、ミドルが後知恵でもいいから自分のキャリアを振り返り、「あの時は辛かったけど、耐えた」「あの時は仕事が楽しかった」「あのタイミングで転職したのはよかった」などと内省する意味は大きい。人生を順繰りに顧みていって、どうしてもここだけは犠牲にしなかったという部分が見つかれば、それがその人のキャリアのよりどころ、キャリア・アンカーである可能性が高い。その先に「中年の夢」が思い描ければもっといい。

キャリア・アンカーは年齢によって変化する場合もある。私自身、長年、自分のキャリア・アンカーは、自分のペースで自分のやりたいことをやりたいという「自律」だった。ところが、ある時期以降、これは親しい人に五時間ぐらいインタビューをしてもらって分かったのだが、「奉仕と社会貢献」に移り変わっていた。

そのことを、私がキャリア論の教えを受けたE・H・シャインに話してみると、「それは君が変わったのではなく、今まで知らなかった自分に気づいたのだ」との指摘を受けた。人生は幾重にも扉があるもので、次々に扉を開けていかなければ、本当の自分など見えてこない。

人生やキャリア、さらにはリーダーシップの旅のこのような側面を示す言葉として、私が真っ先に思い浮かべるのは、「エピファニー(epiphany)」だ。定冠詞を付けて大文字で、"the Epiphany"と書けば、クリスチャンの方には神の顕現を表す。小文字で普通名詞として用いる場合には、人生や社会現象、新たな出来事の深い意味合い、あるいは本質的な姿が忽然と姿を現してくるような状態を指す。

私が人生はエピファニーだと思うのは、その経験をくぐらないと見えてこないものがあまりに多く、その都度、計画はしきれないからだ。計画し、計画通りに運んだことですら、違う世界に気づかせてくれる。人生においては、色々な選択肢を節目の度に目前に見て、くぐる度に、新しい自分と新しい世界が見えてくるものだと私は思う。

例えば、研究一筋でコーポレート・サイエンティストになるのが夢で、技術以外に経営のことを考えるなんてまったくイメージがわかないと思っていたような人が、「いやだ、いやだ」と言いつつ、いざ事業部長になってみると、世界が違うように見え、自分の中の思わぬ才能や欲求に気づいて、事業経営責任者としてリーダーシップをとる価値や意味を見出せるといったことがある。シャイン先生が私に対して、「今まで知らなかった自分に気づいたのだ」と言ったのも、キャリア・エピファニー（徐々に奥にある本当の姿を見せていくキャリア）という観点から面白く理解できる。

夢をもったり、志を立てたりすることは、「自分探し」と一見似たところがある。しかし、自分探しが、逃げ道や問題先送りの言い訳になっている限り、それは私たちをどこにも連れていってくれない。自分探しに明け暮れるよりも、今の場所にとどまり、現実と向き合って、自分にとってのハードルを一つ一つ乗り越えていくことが必要ではないだろうか。

実績を上げ、人の信頼をかち取り、信用を蓄積していくことは、自分にとってのリーダーシップの旅を準備するためにも、旅を始め、継続するためにも有効だ。では、私たちは、この数年で、どんな信用を蓄積したのだろうか。それは、裸の自分として得た信用だろうか。それとも、名刺や所属する組織の肩書によって得た信用だろうか。

信用（信頼）の蓄積には、落とし穴が待ち構えている。手段であるはずの信用蓄積が、いつの間にか目的になってしまうと、私たちは旅に出ることができなくなる。しかも、皮肉なことに、努力家で責任感が強い人ほど、日常に追われ、不毛な忙しさから抜け出しにくい可能性がある。

立ち止まり、自分と対峙し、改めて自分が来た道を振り返る。そこに、自分が本当に望んでいたものがあれば、大人になっても夢や志を持つことができる。

現在の競争だけにとらわれていないか。忙しいふりだけをして、「見えないもの」を見ること、大きな絵を描くことを忘れていないか。リーダーシップの旅においては、立ち止まって振り返らないと、見えないものがある。

第四章　旅で磨かれる力

あなたがリーダーシップの旅を歩む上で、欠かせない力とは何でしょうか。複数あるとすれば、どんな力が一番大切だと思いますか。

そうした力と、知識やスキルは違うのでしょうか。違うとしたら、どう違うのでしょうか。


最初に一歩を踏み出す際に必要となるものは何でしょうか。

リーダーシップの旅を続けていくにはさらに何が必要でしょうか。

あなたがそうした力を育むには、どんな機会や場所、経験がふさわしいと思いますか。

逆に、そうした力を育もうとするあなたの邪魔をするものは何でしょうか。

これまでに、あなたが一回り大きく成長したと感じたのは、どんな時でしたか。どんな機会や場所でどんな経験をした時でしたか。

あなたが尊敬するリーダーは、どんな機会や場所に身を置き、どんな経験を積み、結果としてリーダーになったのでしょうか。

あえてリーダーシップを要素分解すれば ―野田―

この本では、リーダーシップの要素を第三者の視点から分析、考察したり、リーダーに必要な資質は何かを議論したりすることを避けてきた。リーダーシップとは、私たち一人一人が自分自身と対峙し、「見えないもの」を見ようとして一歩を踏み出し、旅を歩む中で人からの共感を得て、結果としてリーダーになる現象だ。このエマージェント・リーダーにリーダーシップの出発点や本質を見る以上、「結果として」リーダーになった人の資質や能力を後付けで分析し、要素分解するような議論、そこから言わば逆算的に、リーダーになるためには何を身につければいいのかを考えるようなハウ・ツー的な議論は、二次的・副次的な意味しかなさないのではないかと思うからだ。

そうは言っても、これから旅を歩き出そうとしている人、今まさに旅の真っ只中にあって試行錯誤を続けている人にとっては、何らかの指針、旅の羅針盤が欲しいところかもしれない。そこで、この章ではハウ・ツーに流されることなく、これまで避けてきたリーダーシップの要素やリーダーの資質の議論に踏み込んでみたい。リーダーシップの旅において、私たちは自分のどんな部分を磨き、結果としてどのような力を身につけていくのか、どのように成長をすることで旅を続けることができ、旅を続けることでさらにどんな成長を遂げるのかを、引き続きエマージェント・リーダーを基本に置きつつ、議論したい。

リーダーに求められる資質をあえて要素分解するならば、「構想力」「実現力」「意志力」「基軸力」の四つの力だと私は考える。中でも重要なのは意志力と基軸力であり、普段はこの二つをまとめて（広義の）基軸力と呼んでいる（ここでは説明しやすいように別々に分けている）。

まずは構想力と実現力から説明してみたい。もっとも、この二つの力に関しては、すでに色々な人が色々な場所で語っているので、私が言うことにさほど目新しさはないかもしれない。

絵を描くのではなく、見ようとする・感じる ―野田―

構想力とは、時代の流れを感じ取りながら、新しい世界像、社会像、組織像をイメージする力を指す。リーダーの最も大切な役割はビジョンを描くこと、自分が「そうありたい絵」を描くことだともしばしば言われる。

「絵を描く」と言うとなんだかきれいに聞こえるが、そう簡単にできることだとも思えない。

読者の皆さんが今ここで、日本の新しい社会像、自分の所属する組織の新しい姿、自分が手掛ける新しい事業の形を描いてみなさいと言われたら、どうだろう。できるだろうか。もちろん、自分に見えた「他の人には見えないもの」を描き、具体的に説明することができれば、それに越したことはない。事実、そうした力に抜きん出た人物は存在する。

首都圏に住み、都心のオフィス街で働いている人なら、「スープストック」という店をご存知だろう。このチェーンを経営する会社スマイルズは、三菱商事の社内ベンチャー・ゼロ号として誕生した。経営者の遠山正道さんは同社から出向する形で社長、そして会長を務め、ご本人も出資者の一人として名を連ねる。

遠山さんが店の構想を思いついたのは、あるファストフードチェーンに出向していた時だったという。新規事業のプランを練り続ける中、友人たちとレストランで食事をしていた際に、突然、「一人の女性がスープを飲んでいるシーン」が頭に浮かんだそうだ。

このひらめきを、遠山さんは「スープのある一日」という企画書にまとめ上げた。内容はストーリー仕立てで、ある企業に勤める女性が、都内にできたばかりのスープの店にやってきて、メニューを選び、昼食を楽しむシーンから始まる。そして、自然な素材を用いたスープのメニュー、味わった女性の感想、店舗のデザインや雰囲気、従業員が接客を通じてどんな働き甲斐を感じているかといった細部が生きいきと描写されている。

現在のスープストックの姿を、遠山さんは企画書の段階でほぼイメージしていた。それは遠山さんにしか「見えないもの」だったが、この企画を披露したプレゼンテーションで、彼はスープストックを「見える」化した。当時は九〇年代末で、外食産業はデフレに見舞われ、新規投資にはかなり厳しい環境だった。だが、遠山さんのプレゼンは上層部を動かし、事業化への一歩を踏み出すことができた。その経過については、彼の著書『スープで、いきます』(新潮社、二〇〇六年)に詳しいので、ご興味があればご一読いただきたい。

遠山さんは絵画の個展を開くなど、アーティストとしての才能にも恵まれている。経営者として目指すスマイルズの企業像を社員たちに伝えるために、自らカメラを手にロケ撮影までしてDVD映像を制作する。私も経験したが、彼がDVDを見せながら語り始めると、聴く側は、映像に込められた思いにぐっと引き込まれてしまう。本当に「見せる」ことが巧みな人だ。

とは言え、ああいった才能の持ち主が世間にあふれているとも思えない。リーダーは絵を描けて、見せられるに越したことはないが、きれいな絵が描けなければ旅が始まらないかと言うと、必ずしもそうではないだろう。

私自身、NPO法人の代表として、活動のビジョンを描かなくてはならない立場にいるが、実際のところ、きれいなビジョンなどというものはやすやすとは思いつかない。漠《ばく》と見えているものは確かにある。しかし、それをきれいな形にするには、悪戦苦闘の繰り返しや、何かをきっかけとした「ジャンプ」が必要ではないだろうか。ジャンプと言って分かりにくければ、悩んだ末に「何だそうだったのか」といった具合に突然イメージが明確になる経験だ。

したがって、構想力においては、絵を描く力よりも、「見えないもの」を見ようとする力、「見えないもの」がどんなふうに見えるかを、感性で感じる力が重要だと言う方が適切ではないかと思う。きれいな絵は、初めからきれいとは限らず、むしろ旅の中で次第に輪郭がはっきりしていくものだから。

時代の脈絡を読み取る知性 ―金井―

構想力に関連して、一つ紹介したいことがある。

野田さんが第一章で紹介したニティン・ノーリアは、私のＭＩＴ留学中の同期生でもある。ニティンはアンソニー・メイヨーとともに書いた近著（二〇〇五年）の中で「リーダーシップ・イン・ザ・コンテクスト」というとらえ方を強調し、時代やコンテクストの中でリーダーシップをとらえないと話にならないということを、経営者論の形で示している。米国の百年の産業史を十年ごとに刻み、それぞれの時代でだれが起業家的な創業者であったか、そこに仕組みをもたらした大番頭タイプの経営者にはだれがいたか、中興の祖として変革型のエマージェント・リーダーとなった経営者としてはだれに注目すべきか、といった大きな研究課題に挑み、創業者、大番頭、中興の祖に当たる人物を時代のコンテクストの中でとらえようとした。

その標語、そして書名は *In Their Time*（『時代のなかに』）であり、経営リーダーに、もしも資質めいたものがあるとしたら、それはコンテクスチュアル・インテリジェンス（contextual intelligence）、つまり「生きている時代の脈絡を読み取る知性」だとニティンたちは言う。これは環境との相互作用を織り込んだ概念であり、この実践的知性は「どのように時代を意味づけ、現前する機会をつかみ取るかの理解」にかかわる気づきの能力（sensing capability）だ。

リーダーは真空の中にいるのではなく、時代の中にいる。過去のリーダーを考察する際、その人が「見えないもの」を見ていたかどうかや、なぜ、その人の夢がみんなの夢になったのかを知ろうとすれば、私たちはまず彼らが生きた時代背景を見なければならない。

また、ビジネスの現場にいる人たちに、ベストジョブや自分がリーダーとして成長した一皮むけた経験を語ってもらったり、議論してもらったりしていると、それぞれが自分のことを語りつつも、話は人々との関係、活動していた場、会社、その会社が埋め込まれていた社会へと行き着く。組織にまつわるすべての現象はコンテクストの中で生じているということだろうし、自分の経験を振り返る時には、自ずと社会や時代を振り返っていることになる。

自分をどこに導きたいか分からずに、人は動かせない。力ずくで人を動かすのでないのなら、自分が結果としてリーダーになることになる状況の意味合いがうまく感知できないといけない。

その意味で、コンテクスチュアル・インテリジェンスは、野田さんの指摘するリーダーシップの初動、リード・ザ・セルフから実際にエマージェント・リーダーになっていく上で不可欠となる。自分を知る人が、自分の置かれた世界を、今という時の意味を感知する時、リーダーは任命されたり、選挙されたりするのではなく、自然発生的に生まれる。このような創発にはコンテクストを読む知が欠かせないはずだ。

どこに自分をリードするかを自分で決める。それに共振する人が大勢現れるとしたら、その時代をうまく読めている時だろう。時代に感応する際に動くのは、自分と組織内の部下だけでなく、組織内外を問わず、あらゆる人たちだ。リーダーの描く大きな絵、リーダーが見る「見えないもの」がコンテクスチュアル・インテリジェンスの所産だとすれば、それが時代と合ったものであるほど強力となる。

リード・ザ・セルフによって内なる火を点した後、それが他の人々の心を（最初は反対していたとしても）とらえていくようになるのは、そういう力によるのではないだろうか。先に挙げたA・ゼイレツニックは、「問題を解決する」のがマネジャーの得意技なら、「問題を見つけ出す（でっち上げる）」のがリーダーだと対比した。野田さんがエマージェント・リーダーを「火事を消すのではなく、火を熾す人」と看破したことと並べて考えても、非常に興味深い。

時代の変曲点をどう読むか―野田―

金井さんが言われたコンテクスチュアル・インテリジェンスは、とても含蓄のある言葉だと思う。インテルの共同創業者アンディ・グローブは「時代の変曲点（inflection point）」を読む重要性を指摘しているが、コンテクスチュアル・インテリジェンスとの共通点が見出せる。

しかし、変曲点はたやすく読めたりするものだろうか。

私が大好きなリーダーに、日本で初めて本格的なオンライン株取引を始めた松井証券の松井道夫さんがいる。老舗の小さな証券会社を婿養子として継ぎ、社内の反発を押し切って外交セールス、コールセンターを廃止して、すべての取引をインターネットに切り換えることで会社を急成長させた人物だ。経営者としての松井さんは、舌鋒《ぜっぽう》鋭い論客にして心優しく繊細な「偽悪者」でもある。

それはともかく、ある時、私は安易にも松井さんに「一体どうやって時代の変曲点を読むのですか」と聞いた。松井さんは「変曲点なんて読めない。ものすごい葛藤、血反吐《ちへど》を吐くような思いの中、不安にかられながら決断するんですよ」と答え、こう続けた。「唯一の方法は歴史から学ぶこと。自分が生きている今という時代を歴史の流れの中でとらえ、未来に思いを馳せるのです」と。

「歴史は繰り返す」といったありふれた教訓ではなく、人間の営みがつくり出すもの、そこにおける進化の方向性を読み解く重要性を、松井さんは言いたかったのだろう。おそらく松井さんは証券会社のトップとして、市場というものがどのようにして生まれたか、人間社会のためにどんな役割を果たしてきたかを、歴史を学びながら深く考えていたはずだ。だからこそ、マーケットを媒介として個人と個人が直接結びついていくネット民主主義の到来を、インターネットのインパクトに読み取ることができたのではないかと思う。私たちは構想力などと一言で片付けてしまいがちだけれど、金井さんが言及するように、その背景に広がる奥深さに目を向ける必要がある。

　さて、こうした話をした後では、卑小に聞こえてしまうかもしれないが、構想力にはより現実的な力も含まれる。それは、戦略的・論理的な思考を駆使し、より具体的な設計図を描く力だ。ビジネスの用語法で言えば、ターゲットとする顧客はだれで、顧客に提供する価値は何で、価値提供を実現するためにどのような価値連鎖活動（バリュー・チェーン）をどう組み立てていくべきかといったことを考え抜く力だ。そこでは、提供する価値のどんな点がユニークで他に比べて優位性があり、また、模倣されることなく持続性があって、それは財務数字などでどう裏付けられるのか、といった思考も問われることになる。現実のビジネスの世界ではもちろん重要な力だし、私自身、欧米のビジネススクールでＭＢＡの学生や卒業生の経営幹部を相手にさんざん議論してきた。

　これらのリテラシーも、あるにはあった方がいいにしても、リーダーシップの旅を歩むにあたって不可欠かというと疑問が残る。その上、本当に必要なのは机上の知識ではなく、実践でもまれ、身についていく（いわゆるストリート・スマートの）思考法・判断力ではないだろうか。

構想を現実に変える実現力－野田－

構想力の話がやや長くなったので、実現力については短くふれることにしたい。

実現力とは、人とのコミュニケーションを通じて、見えないものへの理解・共感を得て、周囲や組織の中で行動の輪を広げ、構想を現実へと変えていく力を表す。描いた絵や、より具体的な設計図の内容を人々に伝え、理解を求め、時には説得する力。同時に、人々から意見をくみ上げ、その見識を引き出していく力。さらには、相手の気持ちや心の機微を理解して、感情に働きかけて共感を得ていくＩＱならぬＥＱ（情動指数／心の知能指数）など。リーダーシップの旅がリード・ザ・セルフからリード・ザ・ピープルの段階へと進んでいくにつれて、こうした力がとりわけ重要となってくる。あるいは、その過程で自分自身と格闘するうちに、身体が覚えていく。

フォロワーとの間に擬似的もしくは正式な組織関係が生じ始めると、マネジメントに近い資質も必要となってくる。チームメンバーの多様な力を最大限引き出す力、権限委譲とサポートを行いながらメンバーをエンパワーしていく力、チームやより大きな組織の仕組みや環境を整える力など……。このように、実現力を要素分解していくと際限がない。

これらも、構想力を要素分解した様々な力と同様、あるに越したことはないし、世の中には、分解した要素を提示して、それらを個別に伸ばす・鍛えるという多くの人材開発プログラムが存在している。

知行合一を引き出し、支える意志の力 ―野田―

私はNPOの活動を展開する中で、構想力・実現力の様々な要素が必要だと思い知らされてきたし、事務局スタッフとのやりとりでも、論理的・戦略的思考を磨こう、数字に強くなろう、自分を相手の立ち位置に置いてコミュニケーションしよう、と口を酸っぱくして言い続けている。

しかし、リーダーシップの旅を始めるにあたって、最も必要なものは何かと問われれば、私は間違いなく意志力だと答える。沼地への最初の一歩を踏み出す力、指先のひんやりした感触に脅えることなく、足を泥の中へと沈める力、時には後ろを振り向きながらも、向こう岸へと闇の中を進む力。こうした力を第三章で紹介したスマントラ・ゴシャールは「ウィルパワー（willpower)」という概念で示した。

なぜ、意志の力、ウィルパワーが大切なのだろうか。

組織や企業では、そしてマネジメントの世界では、人を動かす時にはモティベーションが重要だと言われる。しかし、創造と変革に挑み、不安とリスクに直面し、不確実な未来に向けて一歩を踏み出すためには、だれかに、または何かにモティベートされる（動機づけされる）だけでは足りない。外から与えられたものは、情況の変化の中で意味をなくしてしまうことが多いし、予期せぬ出来事に遭遇すると、自分を支えるものとしては、十分に機能しないからだ。

外からのものではなく、自分の内面からわき上がるもの。心の奥底から踏み出したい、踏み出すんだ、後戻りせずに前へと歩き続けるんだという力が、行動を生み出し、支える。それが、世界の経営学の論壇で常に異彩を放ち続けたスマントラが、五十五歳で早世する直前に残した結論だった。そしてこの行動への力こそ、すべてのものをつくり出す源泉なのだと我が師は信じていた。

私が翻訳したスマントラとハイケ・ブルックの前掲書にこんな事例が出てくる。主人公はスイス航空の人事担当役員マチアス・ムレニー氏。航空業界で二十数年間働いたベテランであり、人事のプロフェッショナルとして生きてきた彼は、自分の仕事を熟知し、誇りをもち、何より航空ビジネスを愛していた。

二〇〇一年の「9・11」以降、スイス航空は財務的な危機に陥る。会社は倒産に向かい、ムレニー氏は人事のトップではあり続けるものの、取締役から降格させられる。その上、CEOはムレニー氏に対し、「スイス航空が迅速に経営規模縮小を図っているというシグナルを社外に送らねばならない」と語り、末期症状に陥った会社で、三千人から五千人もの従業員をリストラするよう命じるのだ。もはや会社が信用できなくなったムレニー氏は、会社と従業員の板ばさみ状態に置かれ、いっそ辞めてしまおうかと悩みに悩む。

だが、ムレニー氏は苦悩と葛藤をへて、会社に残る決意をする。何が最も重要かについての確信と、困難な挑戦を引き受ける勇気をもち、熟練の人事屋がいかに不可欠であるかをトップに示せば、最後には自分を誇りに思えるだろうと感じたからだ。ムレニー氏はこう振り返る。

「私の存在がプラスの貢献をもたらすことは確実だったし、そのことが重要なことだった。私はこれまで、複雑かつ繊細な状況に巧みに対処する経験を積んできた。それに私には、何が全員にとって重要なのかが分かっていた。解雇をできるだけ少なくし、同時に新しい仕事を生み出すことだ。それが従業員と会社に対する私の責務だった。そして、まさにこれこそが重要だった。制約と障害が待ち受けること、経営トップから認められないことなどは問題ではなかった」

何よりもムレニー氏の肩を押したものが、「やってみなければ、鏡に映った自分の姿を見るのも嫌になってしまうだろう」という心の声だった。彼は「これは、お前が今までにやってきたどんなことよりも厳しいものだろう。しかし何が起ころうとも、お前はそれをやり遂げるのだ」と自分に言い聞かせ、経営機能の解体と会社再建への道筋作りに、率先垂範して取り組んでいく。

私たちがムレニー氏の立場だったら、どう思い悩み、どう行動するだろうか。

第一章で私は、旅の第一歩、リード・ザ・セルフへと私たちを駆り立てる条件として、「頭と心を一致させること」「吹っ切れる体験」の話をさせてもらった。前章では、私たちの旅立ちを阻むアクティブ・ノンアクションについて、さらには、旅の原動力としての「ナメクジの跡」や「松永真理でいること」についてふれた。これら一連の話は相互に関連している。そのすべてにかかわってくるのが意志力だ。

私たちの身の回りには、様々な機会が広がっている。おかしいと思っていること。自分ならこうするのにと思うこと。こうすれば皆も喜ぶだろうな、社会にも役に立てるだろうなと思うこと。それらを実現することは、現状を変え、新たな何かをつくり出すことを意味する。そうした機会に私たちは気づいていないわけではない。問題は、気づいていても自ら行動を起こさないことにある。

知行合一を実現する意志力は、だれかに教わることはできない。上司が与えてくれるわけでもない。昇進やボーナスで動機づけられるものでもない。それは自分自身との真摯な対話から生まれてくる。

自分は一体何がしたい人間なのだろうか。自分にとって現状を打破する仕事や挑戦は、どのぐらいの意味をもっているのだろうか。それを実現できたら、どういう気持ちになるだろうか。

逆に、チャンスを見過ごし、着手さえしなかったら、後でどう感じるだろうか。悔やむだろうか。悔やむとしたら、どのぐらい悔やむだろうか。

では、着手するとしたら、待ち受けている困難はどれほどのものだろうか。自分には、その困難を乗り越えるだけの心の準備と気構えがあるだろうか。それほどまでしてやり遂げたい仕事や挑戦なのだろうか。

こうした自問自答を続け、頭（理性）だけでなく、心（感情）から納得した時、意志の力が生まれ、アクティブ・ノンアクションが克服されるとスマントラたちは言う。周囲の雑音が消え、昨日まではあれほど目を背けていた、あるいは迷っていたのがまるで嘘のように吹っ切れて、仕事や挑戦に没頭できる。心理学者ミハイ・チクセントミハイの言う「フロー状態」にいる自分自身を発見するのだ。

エクスキュート、とことんやり抜く－金井－

何度か名前を挙げたミシガン大学のN・M・ティシーはGEのクロートンビル研修所（後にジョン・F・ウェルチ・リーダーシップ開発研修所に改名）に迎えられた。着任に際し、CEOのジャック・ウェルチから頼まれたことは「クロートンビルを毎年一万人の革命家を生み出す場所にしてくれ」だった。

ウェルチ本人もしばしば研修所に赴いて、リーダーシップについて熱く語った。彼がリーダーにとって大切なものとして説くのは四つのE。すなわちエナジー（Energy）、エナジャイズ（Energize）、エッジ（Edge）、そしてエクスキュート（Execute）だ。

リーダーたる者、活力や元気に満ちていないといけないとウェルチは考えた。彼自身、テンションが高く、エナジー（エネルギー）の固まりみたいな経営者だ。

しかし、リーダーの元気度が高くても、その元気が何やらあやしかったり、周りの役に立つどころか、部下のエネルギーはすっかり吸い取られ、リーダーだけがエネルギーにあふれていたりする迷惑な場合が往々にしてある。そこでウェルチはリーダーの元気のおかげで周りの人々も元気づけられることを重視した。とりわけストレッチ目標に向かって進むフォロワーに対して、リーダーにはエネルギーの補給源の役割が求められる。これらがエナジャイズであり、「鼓舞する」と訳されている。

エッジとは際や縁、刃の鋭さを意味し、崖っぷちのギリギリの状況を指したりもする言葉だ。ウェルチが表しているのは「タフさ」だと言っていい。リーダーはタフな決定をタイミングよくできなければならない。一部の人ががっかりするようなことであっても、全体にとって大切なアクションなら、それを果敢に起こす。エッジがなければ、正しい戦略が実現されないまま終わる。

興味深いのは第四のEが登場した背景だ。現在、4Es（フォーリーズと読む）はウェルチによるリーダーシップの持論として語られているが、当初は三つのEしかなかった。もう一つのEが加えられたのは、経営幹部評価の場で困惑するような発見があったからだ。それは、事業ごとに人材をつぶさに見ていくと、最初の三つのEつまりエネルギーもエナジャイズもエッジもよく備わっているのに、十分な成果を上げていない幹部がかなりいたという悩ましい発見だった。

そこで、まだ何か抜けている要件があるのではないかという協議がなされ、付け加えられた最後のEがエクスキュート、とことん最後まで粘り強くやり抜く力だ。

思い切った決定やアクションまではできるのに、肝心な時にリーダーが逃げ出したら最悪だろう。決断し、アクションをとった後は、成果につながるまでやり抜く。この姿勢がリーダーには不可欠となる。

ウェルチから薫陶を受けた元アライドシグナル社CEOのラリー・ボシディは自分のリーダーシップ論を著した本のタイトルを一言で *Execution*（ラム・チャランとの共著、高遠裕子訳『経営は「実行」』日本経済新聞社、二〇〇三年）と付けた。四つ目のEがいかに重要かをボシディは身にしみて分かっていたからだろう。

エクスキュートは普通、実行力や執行と訳されるが、「死刑を執行する」という時にも使われる。きれいな言葉で訳すより、「とことんやり抜く」もしくは「逃げない」の方が意味は伝わりやすい。ちなみに経営幹部を意味する「エグゼクティブ（executive）」とエクスキュートはもちろん同語源の言葉だ。経営幹部と呼ばれるからには、途中で逃げ出さずに最後までやり抜く使命を帯びていることが、あらかじめこれらの言葉には織り込まれている。わざわざ「執行担当役員」などと言わなくても、エグゼクティブはもともと最後まで執行し切る責任を担う人を指す。

ルビコンを渡る－金井－

エクスキュートは意志力にも通じる。重大な局面で引き返さないこと、スマントラの前掲書では「ルビコン川を渡る」と象徴的に表現されている。

ユリウス・カエサル（ジュリアス・シーザー）にとって、ルビコン川を渡るということはどんな意味をもっていたのか。八年にも及んだガリア遠征の間、ローマは政敵ポンペイウスのやりたい放題で乱れていた。ついにカエサルはローマへと向かい、その軍勢はルビコン川の岸にたどり着く。しかし武装した軍団を引き連れて川を渡り、ローマ本国に入ることは国法で禁じられていた。

この決定的場面で、カエサルは配下の幕僚たちに聞こえるように言った。

「ここを越えれば、人間世界の悲惨。越えなければ、わが破滅」（塩野七生『ローマ人の物語10ユリウス・カエサル　ルビコン以前（下）』新潮文庫、二〇〇四年）

国禁を犯して渡るのだから、渡る限りは本気で渡るしかない。そういう強い意志力を示すのが「ルビコンを渡る」ということだ。さらにカエサルは「賽《さい》は投げられた」（ラテン語でアレア・イヤクタ・エスト）という歴史に残る名文句を発し、軍勢を鼓舞した。
やるといったら絶対やる、とことんやる、途中で逃げないというのは、リーダーシップの条件の一つであり、読者の皆さんにはエクスキュート、ルビコンを渡る、あるいは背水の陣、ポイント・オブ・ノーリターン（Point of no return）などの言葉を字面を眺めながらかみしめてほしい。カエサルのような歴史上の英雄や企業経営者でなく、普通の人であっても、リード・ザ・セルフの段階で、個人としての夢をもち、それを絶対に実現するとコミットする時には、その人なりに賽は投げられているはずだ。

基軸力―野田―

金井さんの言うように、エクスキュートは意志力に通じる。同時に、リーダーシップのもう一つの重要な要素である基軸力とも関連しているように思う。
読者の皆さんは、上司や友人に対して「あの人って、ぶれるよね」「言うことがコロコロ変わるよね」と感じたことはないだろうか。かくいう私も、周囲からしょっちゅう「お前はぶれる」「ぶれるな」と言われたりするので、あまりえらそうなことは言えないが……。

基軸力とはやり続けること、やり遂げること、そのために、ぶれず、逃げないことだ。人は旅の一歩を踏み出した後でも、迷ったり、怖くなったりする。進んでいく方向に途中で自信がもてなくなることもある。沼地は、それほど冷たく、深く、そして暗い。最初から確信をもって旅を貫徹できる人間などいない。だけど歯をくいしばって、または勇気を振り絞って歩き続ける。歩み続ける中で、この道が正しかったのだという確信をつかんでいく。

「ぶれないリーダー」「逃げないリーダー」で私が真っ先に思い出すのは、医師でペシャワール会現地代表の中村哲さんだ。中村さんはテレビ等で何度も紹介されているので、ご存知の方も多いと思う。現在、今世紀最悪の大旱魃《かんばつ》に苦しむアフガニスタンで、灌漑《かんがい》水路建設の陣頭指揮をとっておられる。

もともと中村さんは蝶の採集が趣味で、ヒマラヤへ登山旅行をした時に、医師であるにもかかわらず、医療を求める人々の声に応えられなかった体験をされた。それがきっかけでパキスタンへの赴任を決意し、北西部地域でアフガン難民のハンセン病の治療を始めた。その後、活動範囲をアフガニスタンにまで広げてこられたが、旱魃が原因で衛生的な生活水が不足し、多くの子供たちがバタバタと死んでいくのを見て、現地の人たちと一緒に井戸掘りを始めることになる。「井戸掘りも医療も、人を救うという目的においては同じだ」とする中村さんが今、挑んでいるのが、全長十四キロもの用水路の建設だ。灌漑事業はペシャワール会が草の根から集める年間約二億円の寄付によって支えられている。

中村さんの活動は二十年以上に及ぶ。その原動力は一体何なのだろう。

「何度ももう嫌だ、もう帰ろうと思ったが、その度に、こんなところでやめちゃ、日本の男がすたると思い直し、とどまってしまいました。私は逃げ足が遅いんです」と中村さんは淡々と言われる。アメリカが空爆をしても、国際援助ブームが下火になって、国際機関や他のＮＧＯが退散しても、時には現地の人に裏切られたとしても、絶対に逃げない。とどまって地道に活動を続ける。私は中村さんの隣に立っているだけで、「同じ日本人でいていただいて、本当にありがとうございます」とお辞儀をしたくなってしまう。でも、中村さんは何も誇らないし、自らをアピールしようともしない。

自身の明確な信念を貫く人は、ビジネスの世界にも多数おられる。第二章で挙げたＪＲ東日本の松田昌士さんもそんな一人だ。松田さんは旧国鉄時代に分割民営化を目指す中堅組織人の一人として、反対勢力との闘いを始め、後に経営者として自身の哲学を貫徹された。

「何が辛かったですか」と問われても、「仕事で辛いことはない、サラリーマンは何をやっても辞表を書けば済む。命まではとられない」と言われる。

しかし、実際の松田さんを取り巻く環境は壮絶だった。民営化に至る道筋で、一部の過激な労組の攻撃の矛先は、松田さんではなくご家族にも向けられた。子供が転校すると、労組に属する学校の先生が子供をいじめる。引っ越しをしても、電話局から電話番号が漏れるのか、嫌がらせ電話が鳴り響いたそうだ。「リーダーは、ぶれちゃだめだ」と過去を思い出すように語られる松田さんを見ていると、基軸という言葉の重みがひしひしと感じられる。

トレードオフ ― 野田 ―

残念ながら、私も含めて日本人は一般的に基軸力が弱いように思う。なぜだろうか。

それは、私たちが組織の中や社会において、トレードオフを伴う決断を迫られる機会が少ないからだと思う。ここでのトレードオフとは、一方を追求すると、他方を犠牲にせざるをえないような両立しない関係、何かを獲得するためには、別の何かを手放さなくてはいけないような選択の場面を意味する。

例えば、私の友人のフランス人は、子供が「サッカーとテレビゲームがしたい」と言うと、必ず親として「どっちがしたい?」と聞き直す。サッカーかゲームか、どちらかを子供に選ばせて、子供がサッカーを選んだら、ゲームは断固やらせない。ちょっとした躾の仕方だが、こうしたやり取りを通じて「一方を選べば、他方はあきらめなくてはならない」ということを小さい頃から教え込む。自然と子供は「自分はどちらを選びたいのか。それはなぜか」を自問自答するようになる。

日本人の親はどうだろう。あまりそういう躾をしないのではないだろうか。「どちらかを選びなさい」とは尋ねるかもしれないが、子供がぐずると、「しょうがないわね、今回だけよ」と、サッカーもゲームもずるずるやらせてしまうケースも多いのではないか。子供の頃から決断を伴う二者択一を迫られていないと、自分にとっては何が本当に大切なのか、それがどのくらい大切なのかを痛みを伴って感じることがない。その結果、軸がはっきりしない大人ができ上がってしまうような気がする。

個人だけでなく、組織、企業、政府に至るまで、この国ではトレードオフを伴う決断をする機会にあまり恵まれていないように思う。言い換えれば、社会全体が、基軸に基づいた決断や行動を回避するような構造になっている。白黒をはっきりさせないこと、慮《おもんぱか》ること、あいまいさによって摩擦を避けることは、日本人や日本社会の美徳でもある。しかし同時に、基軸をもたなくても生きていける、あるいはもたない方が生きやすい社会環境は、リーダーシップを育みにくい土壌だと思えて仕方がない。

意思決定と自己選択 ― 金井 ―

トレードオフは、意識して生きてさえいれば、実はそこら中に見られると私は思う。すべての行動は意思決定に基づいている。二日酔いの朝、しんどいけどサボらずに会社に行くというのは、出社という意思決定をしていることになる。明日も行くというのであれば、その会社に居続けるということだ。問題はその選択がトレードオフを伴っているかどうか。ただ流されているだけだったり、世間の尺度に従ったりしているだけであれば、トレードオフを伴った決断ではない。

うっかり見逃してはいけないのは、トレードオフの場面では「あれも、これも」と言えないという点だ。これを選ぶのであれば、あれは放棄することを意味する。ポジショニングから戦略論を構築したマイケル・ポーターも、企業の戦略の有無を議論する試金石として、選んだという意図がはっきりと存在するかどうか、意図的に選んだ時に、トレードオフの存在がしっかり自覚されているかどうかを問いかける。

リーダーシップとは基軸をつくることだという野田さんの発想は根源的かつ重要だ。そこで思い出すのだが、ラグビー日本代表の元監督平尾誠二さんが娘さんを相手に面白い子育てを実践しておられる。たぶん、いや間違いなく、愛しているからこそだと思うのだが、「モルモットにしてますよ」と平尾さんは平気な顔で言う。

例えば、家族にケーキをお土産に買って帰る場合、平尾さんは必ず味や見た目や値段が違う何種類かをそろえるのだそうだ。娘さんにはその中から好きなものを選ばせる。選ばせるだけでなく、「パパのケーキの方がおいしい」とか「お前が選んだのは一番安いケーキだなあ」などと、わざと意地悪なコメントをする。

娘さんはさんざん悔しい思いをしながら学習し、やがてケーキを選ぶ前に父親に対して色々な質問をするようになったという。質問のための質問ではなく、状況判断して自己選択をしっかり行うためだ。意思決定の前に情報を集め、分析し、決断する。そんな状況判断力を平尾さんは愛娘にケーキを選ばせることで身につけさせようとしている。こちらを食べることは、あちらのケーキを食べないということで、しかも意図的に選んだのはこの自分だと知ること。そのようなトレードオフの経験を早く積ませようとしている。

経験を内省するトンネル－金井－

さて、野田さんの言う構想力・実現力・意志力・基軸力、あるいはコンテクスチュアル・インテリジェンスやウェルチが挙げた4Ｅｓとりわけエクスキューションなど、リーダーシップの要素、リーダーの資質めいたものが色々と出てきた。これらはどのようにして磨かれていくのだろうか。リーダーはどんなふうにして結果としてこれらの力を身につけるのだろうか。

リーダーシップの実践的な研究・研修などに熱心なロミンガー社の調査によると、企業の経営幹部に「リーダーシップを発揮する上で有益だった経験は何ですか」と尋ねたところ、「仕事上の経験」（何をしたのか、What）が七〇％を占めていた。続いて「関係」（だれの薫陶を受けたのか、主として上司との関係、場合によっては顧客や取引先に鍛えられることもある、With whom）が二〇％、「研修」（Off JT）は一〇％ぐらいしかない。要するにリーダーシップの学校は「経験」であり、学校や研修「だけで」身につくものでない、ということだ。

世の中にはすさまじい研修があって、トレーナー付きで二週間ぐらい特訓し、受講生の人格をそっくり変えてしまう。営業妨害をするつもりはないが、その類のプログラムを私は

〝おじさん改造講座〟（受講生が男性に限らなければ、〝おじさん・おばさん・おねえさん改造講座〟）もしくは〝神隠し修行〟と呼んでいる。研修の場にいる間に変えるということは、職場にいない間に変えてしまうということだ。これには大きな無理があるし、たかだか二週間ぐらいで変わる人間に私はついていきたくない。

また、研修を終えると、必ず現場での揺り戻しがある。二週間の感受性訓練で感受性や対人スキルが高まったとしても、その持続時間が二週間だったら仕方がない。

人が本当に変わるのは、ラインで実際に絵を描いて周囲を巻き込んでいる時、あるいは、本社スタッフとして、現場にいる時よりもスケールの大きな絵、全体最適を意識した絵を描くような時であり、こういう経験がリーダーシップの学校だ。

それならば、オフ・ザ・ジョブの座学研修や社会人大学院のプログラムはまったく無力なのだろうか。私はそうではないと思っている。「だけで」では無理だが、大学院や研修を社会人ならではの経験や関係とリンクさせれば、「人生の海図」という世界に近づける。それは経営学の色々な科目の中でも、組織行動論の科目でしかできないことだ。

企業人はとかく忙しい。仕事上でくぐってきた経験や冒険、自分が成長したと思える旅の要素を、日常に追われながら振り返るのは容易ではない。ベストジョブやリーダーシップの経験があっても、それらを自分なりの言葉で人と語り合ったり、深く内省したりする時間的余裕がない。アクティブ・ノンアクションへの対処としての内省については、その重要性を前章の終わりで述べた通りだ。

現場で働く人にとって大学院や研修は内省のための場の一つ、トンネル期間に当たると考えられないだろうか。リーダーシップやキャリア発達という領域は、学ぼうとする人が理論を経験に結び付けて考えないと意味がない。研究者の理論を自らの経験に引き寄せ、自分なりのセオリーをもつことが最も重要なのだ。

私は大学院や研修を単なる異業種交流の場にするのではなく、場そのものが、各自の経験の内省と議論を通じて、新しい実践的な知を生み出すのだという意気込みで受講生と向き合っている。だからこそ、研究者が語る理論と自分の経験が食い違っていたら、食い違いから理論を改善するような議論を巻き起こしてほしいと期待している。

神戸大学MBAの講義で、私は「みなさん、組織行動論なんて本当に習いたいですか」と皮肉っぽく尋ねる。社会人として十数年働いた受講生であれば、理論を学ぶまでもなく、知っていることばかりだからだ。モティベーションについて考えてもらうとすれば、自分はどんな時に燃えたか、どんな時にがっかりしたか、部下はどんな時に燃えたか、どんな時に燃えなかったか、その理由は何か、これらを五分間、隣同士で話してもらうと、学者が一生かけて研究するようなキーワードはすべて出そろう。私たちインストラクターの役割は、キーワードをピンポイントで解説する理論を紹介し、実践につなげてもらうことだ。

また、神戸大学では、私が同僚の高橋潔さんと担当する組織行動応用研究という科目において、リーダーシップ（やモティベーション）に関してビフォアレポートとアフターレポートという教育システムを採用している。最初にリーダーシップについてどんな考えをもっているかを受講生に書いてもらい、すべてのセッションが終わった後で、それを書き直してもらう。ビフォアとアフターで受講生の考え方がどう変わったかはインストラクターと研究室の院生が詳細に分析する。今後はその結果を受講生にフィードバックしていくことも目指している（このフォーマットに関心のある人は、金井壽宏著『働くみんなのモティベーション論』〈NTT出版、二〇〇六年〉の第三章を見てほしい）。

さらに希望者には、カリキュラム終了後も定期的にインタビューし、リーダーシップの持論を現場でどう意識しているかを調査し続ける企画にも着手している。ただの調査ではなく、その都度、私たちが介入するアクションリサーチの手法を採る。手前味噌で恐縮だが、建学理念の「学理と実際の融合」を反映したものだ。

「バイ・ザ・ジョブ・ラーニング」（加護野忠男教授による造語）という考えも神戸大学の特長をよく表している。オン・ザ・ジョブでもオフ・ザ・ジョブでもなく、仕事をしながら平日夜間と土日のいずれかの日だけ、職場を離れた場で学習してもらう。働いた経験がある人には、二年間仕事を離れてMBAで学習してもらうより、現場での問題を抱えたまま場を共有してもらった方が役に立つこともあると考えているからだ。私は研究に裏付けられた教育こそ、最も実践的だと信じて疑わない。

IMPMの試み ―金井―

学校を場としてとらえた場合、教えるではなく、振り返ってもらう、自分と対峙してもらう経験は何より大切だと思う。

野田さんと私の共通の知人に、カナダ・マギル大学で教授を務めるヘンリー・ミンツバーグがいる。野田さん同様、現行の教育における統合的視点の喪失と知識詰め込み教育の弊害を憂える研究者であり、経営教育において、教授たちが教えやすいものを教えようとするあまり、受ける人たちの経験が軽視されすぎている点に警鐘を鳴らす一人だ。

ミンツバーグはIMPM（International Masters Program in Practicing Management、

実践中の経営に学ぶ国際ＭＢＡプログラム）を主宰し、グローバルな経営幹部の育成に尽力している。そんな活動を通じて彼がたどり着いた概念が「マインドセット（経営幹部としての心構え、考え方の基盤）」という包括的な括りだった。ＩＭＰＭのスローガンは「職能別でバラバラの煙突（functional chimneys）を抜け出そう」であり、各職能を貫く横串となる考え方、気の持ちよう、発想と行動の基盤がマインドセットだ。

ＩＭＰＭでは、一橋大学と神戸大学を含む計五カ国のホスト校のもと、世界中から約四十人の受講生が、二週間ほどのセッションの間だけ勤務先を離れて集うことで、経営の実践を支えるマインドセットを内省し、さらに磨くことが目指されてきた。ここでもキーワードは「経験」であり、明日のより力強い実践につながる内省を手助けすることが理論の役割とされている。そのため、ＩＭＰＭでは「インストラクター（講師）」という言葉はカッコ付きでしか使わない。

私は「講師」陣の一人として、一～三期まで「キャリア発達とリーダーシップ開発」というセッションを担当した。その折、経験をベースに受講生に語ってもらうと、いかに議論がパワフルで生きいきとするか、逆に「講師」が「インストラクター」風に振る舞い始めると、いかに場がしおれるか、あるいは経験豊かな受講生にかえってやっつけられるかを目の当たりにした。場がレクチャーモードになると、しばしばミンツバーグは話をさえぎった。

ミンツバーグと並び立つ「講師」陣のリーダー格、一橋大学の伊丹敬之教授は、初年度「キャリア発達とリーダーシップ開発」というテーマで用意した私の七十枚余りのOHPスライドを、ミンツバーグから「こりゃダメだ、多すぎる」と、十五枚ほどに減らされた。「決してレクチャーするのでないぞ」という言葉とともに――。

IMPMはリーダーシップだけのプログラムではないが、その試みは統合的な視点、経験と理論の融合の重要性を示唆してくれた。ビジネススクールであれ、それ以外のプログラムであれ、私たちにできることは刺激の設計だ。私たちが最高の刺激を提供できれば、受講生のリーダーシップに対する見方が鋭くなるし、彼らの中に、自分もリーダーの役割を果たしたいという気持ちがわき上がってくるのではないだろうか。

場の匂い ― 野田 ―

リーダーシップをめぐる理論に今でも迫力を感じることが少ない私なので、学理と実際の融合についてコメントできる立場にはないのだが、「場」の機能についての金井さんの意見には大いに賛同する。日常に忙殺される私たちが、忙しさからいったん離れて自分を振り返り、内面と向き合う場。現実世界に身を置き、乗り越えなければいけない課題と取り組みながら、ふと立ち止まって真空状態で内省する場。そんな時間を過ごす場という意味においては、学校や大学院は役立つと思う。

私自身は二十八歳の時にビジネススクールに留学した体験をもっている。アメリカのビジネススクールはヨーロッパのそれと比べて、「アメリカ」というローカル色が強いが、それでも世界中から集まってきた人種のるつぼだ。そこから発せられるエネルギーの渦のような場にいきなり放り込まれたのが、私にとっての留学経験だった。

二年間を物見遊山的に過ごそうと甘く考えていた私と違って、欧米人のクラスメイトたちの中には会社を辞めたり、数百万円相当の借金をして勉強しにきた人もいた。そんな彼（女）らは「自分はこんなことをしたい」「こんなことをするための準備期間として留学してきた」「少なくとも、この留学中にこういった疑問に答えを出したい」といった目的意識をもっており、そのエネルギーに圧倒されながら、私は否応なく、自分を見つめ直させられた。自分は世界の中のどういう存在で、何がしたくて、これからどんな人生を生きればいいのだろうか。そんな問いがいつも喉元に突きつけられていた。

ビジネススクールで学んだ知識や身につけたスキルは、当時英語が十分にできなかったこともあり、正直多くない。やっつけ仕事でこなしたという思い出しか残っていない。けれども、いったん日本という国、企業社会や組織から離れて自分をリセットし、留学先という場において、自らの経験を振り返るとともに、未来を展望せざるをえなかったことが、今振り返るとかけがえのない経験となっている。

ヘンリー・ミンツバーグは、私がＩＮＳＥＡＤ勤務時代に、隣同士の部屋で仕事をしていた同僚であり、今でも一緒に時間を過ごすことが多い。ヘンリーは「忙しい現代人に必要なのは、知識やスキルの詰め込みのためのブート・キャンプ（軍事教練所）では決してなく、自分を内省するという経験だ」と強く主張するが、私も一二〇％賛成だ。

でも、立ち止まって、自分を振り返るだけが目的であれば、何も留学だけにこだわる必要はない。オーストラリアの田舎で牧場体験をしてもいいし、ネパールに行ってヒマラヤ・トレッキングをしても、ピースボートに乗っても、あるいはインドの貧しい農村に滞在をしても、効果は同じ、いやそれ以上かもしれない。内省できるかどうかは、自分が選んで過ごす「場」に、自分の経験を世界の中に位置づけ、未来を展望できる環境がどれだけ整っているかにかかってくると思う。もしも大学・大学院や研修がそうであれば、リーダーシップの旅を始めるきっかけとして有益な場と言えるだろうし、そうした場に身を置くことは貴重な経験になる。

しかし、それ以上に重要なことがある。「場」にはそれぞれ違う「匂い（smell of the place)」があるということだ。エネルギーがそがれ、後ろ向きになってしまうような匂いがする場もあれば、そこに行く度に自分も頑張らねばと奮い立たせられる場もある。だから、どんな場でもいいわけではない。

私の場合、留学先は偶然にもボストンだった。ボストンには、自分の過去を振り返り、未来のリーダーシップの旅の予兆を感じられる匂いがあった。その後、教鞭をとったＩＮＳＥＡＤは、フランス・パリ郊外のフォンテーヌブローにあり、駐車場の隣から壮大な森が広がっていて、何ともいえない清々《すがすが》しい匂いが広がっていた。しかし、私にとってはボストンとりわけハーバードの匂いの方がはるかに刺激的だった。

ハーバード・スクエアのレンガの石畳を歩いていると、過去にそこを通った人たちの息づかいと鼓動が感じられる。あそこには、過去に「見えないもの」を見て、沼地を歩こうとした人たちがいて、迷い悩みながらも真剣に考え、語り、議論をした歴史がある。

その人たちの中には、あの場所から巣立った後、旅を続けて、結果としてリーダーになった人が多くいる。第一線の政治家、経営者、社会活動家、あるいは国家元首となった彼（女）

らは、大学の卒業式やシンポジウムに招かれ、昔を過ごした場所に戻ってくる。そして、聴衆に向かって、かつて自分がこの場所で何を見ようとしたのか、どんな歩みを踏み出そうと苦悩していたのかを語りかける。このストーリー・テリング（story telling）がハーバード・スクエアという場の匂いをつくり出す。先達の言葉を聞く現役の学生や大学院生の胸の中には、自分もいつかああなりたい、自分ならこうしたいという夢や志の種火が少しずつ宿り始める。

ハーバード・ビジネススクールの場の匂いも同じようにつくられている。あの学校では各学期の最後に、教授陣が講座内容とは関係なく、自分自身の体験に根差した価値観や生き方について語る時間がある。教授陣が学生たちに贈った言葉のいくつかは『ハーバードからの贈り物』（デイジー・ウェイドマン著、幾島幸子訳、ランダムハウス講談社、二〇〇四年）に収録されている。だれかが語り、聞く人がそれを受け継ぎ、また語り継ぐというストーリー・テリングの伝統が、あの場所に独特の匂いを染み込ませていく。

私は、こうした場の匂いがなければ、どんなに優れた内容の教育プログラムを行っても、どんなに著名な講師やスピーカーが登場しても、あまり効果は期待できないと考える。仮にハーバードのカリキュラムをそっくりそのままアリゾナやモンタナにもっていき、同じ教授陣が教えても、同じだけの効果が上がるかというと、答えはノーだろう。

リーダーシップの塾を運営する上で、私が最も気をつけているのも、場の匂いをいかにつくり出すかということだ。そこに参加するメンバーが、自分の現在を世界の中で位置付け、過去から未来へ思いを馳せる中で、なりたい自分への思いを語り、互いに疑問や悩みを共有し、ぶつけ合い、相互触発をしながら切磋琢磨する。そんな人々の姿勢やエネルギーがこすり合わされて生まれる匂いが、旅の準備をする場には何よりも必要だと考える。

個の自立と幻想エリート－野田－

話を基軸力に戻したい。自分を振り返ることとは、私たちにとってどういう意味をもつのだろうか。自分を振り返るとは、生きる上での基準を、世間の論理や組織の論理ではなく、個の論理へと引き戻すことだと思う。よく使われる言葉で言うと、「自立した個」になるということだ。

嫌われるのを覚悟して言えば、私は、日本で最も自立していない人たちが、三十代から五十代にかけての中堅エリートサラリーマンと官僚ではないかと疑っている。受験戦争の中で努力を重ね、周囲の期待に見事応えて「よい大学」に入り、「よい企業」や「よい役所」に就職した人々。一見、日本を代表するエリートだが、明確な自分をもち、自己判断、自己責任、自己行動しているかとなると、果たしてどうだろうか。彼らは「よい学校」を出て「よい会社」に入ったと言うかもしれない。だけど、それは自分自身で評価した上での「よい学校」「よい会社」だろうか。それとも世間でそう言われているからだろうか。その学校を出てその会社に入ったことは、本当に自らの選択だったのだろうか。

いったん会社や組織に入れば、日本の組織人は、辞令一枚でどこにでも行くというサラリーマン稼業だ。その人たちに、自分の人生をかけるに値する「よい仕事」を選んだかと問えば、どう答えるだろう。「よい仕事」の基準があるとすれば、果たして何だろう。何が自分がやりたい仕事かと聞かれて、社内で評価されるポジション、出世するポジションが頭に浮かぶ人がある程度いるのではないだろうか。もしそうであれば、私たちの国では、エリートと呼ばれる人ほど、個の論理ではなく、世間の論理、組織の論理で生きてきた人ということになってしまう。彼らこそ、勤勉に働いているうちに個の論理で生きる力を失った「幻想エリート」ではないだろうか。

批判じみたことを長々と並べてしまったが、自省と自嘲を込めて言えば、私自身が、まったく個の論理で生きようとしない、幻想エリートの典型だった。

私は灘中灘高・東大法学部出身、ＭＩＴの修士、ハーバード大学の博士、「学歴コレクター」と呼ばれても否定できない。職歴も、日本興業銀行の行員を振り出しに、ロンドン大学助教授、ＩＮＳＥＡＤ助教授と、明らかにブランド志向。

これまでの人生の中で、個の論理に基づく選択があったかというと、皆無に近い。東大法学部に進学したのは、祖父が裁判官だったという取ってつけたような理由はあるものの、有《あり》体《てい》に言うと文系最難関だったから。日本興業銀行を選んだのも、金融に興味があったからではなく、当時の東大文系の学生の間で就職希望ナンバーワン企業だったからだ。興銀に入って資金部という部署に配属された時は、「ここはエリートポジションだ」と周囲から言われ、鼻高々だった。ビジネススクールに留学したのは、社内の留学生選抜試験に勝ち抜きたかったから、それにＭＢＡが流行だったから。

先ほどはハーバードをほめあげたが、私が博士課程でハーバードを選んだのは、ハーバードのカリキュラムの必要性を熟慮した上の選択ではなく、修士の先は博士、ＭＩＴの上はハーバードだと世間で評価されていると自分で勝手に思っていたから。当時の私は、情けない限りだが、世間の論理と組織の論理にまみれ、個の論理で生きるリーダーシップとは真反対の人生を送っていた。

では、幻想エリートから脱するにはどうすればいいのだろうか。

即効の解決策など決してない。しかし、個の論理で生きるきっかけづくりであれば、少しはできるかもしれない。手っ取り早い方法の一つは、名刺をいったん捨てること、肩書ではなく人として世間と接することだ。幸か不幸か、今の私は「NPO法人の代表です」と言っても何の世間的認知を受けないこともあり、名刺を日頃持たない習慣がついてしまっている（と言っても熟慮の上の判断ではなく、あくまで特殊な状況下のなりゆきの結果という側面も強いので、えらそうなことは言えない）。

あるいは名刺が捨てられなければ、名刺が通用しない世界を経験するという手もある。

東京・新宿でホームレスの支援活動をしている人がいる。津田政明さんといい、彼を私に引き合わせてくれたのは、前章で紹介した元リクルートの藤原さんだった。津田さんはニューヨークでホームレスを対象としたボランティア活動をした後、アフリカ・ルワンダでの難民支援、平和活動を続けてきた。日本国内では、新宿中央公園周辺で野宿するホームレスの（自分の住む街をきれいにしたいという）有志たちと早朝ゴミ拾いを何年間も続けてきて、現在は、佐渡島で無農薬農業にも挑戦している。

新宿でのゴミ拾いは午前六時二十分から始まる。私のリーダーシップ塾では、希望者を募ってこの活動に時々参加している。箒《ほうき》とちり取りを持って街を回るというのは、なかなか日常では体験できない作業だ。当然、ゴミを拾いながらホームレスの人たちと会話することになるが、名刺は通用しない。当たり前だが、「△△社で××部長をしています」と名乗ってみても、ホームレスの人たち相手では何の意味もなさない。世間の評価や社会の認知を前提とした会話は成立しないので、言葉を交わそうと思ったら、自分が一人の裸の人間として接するしかない。この体験で即、自立が達成できるわけでは決してないが、少なくともその一歩、基軸力を磨くきっかけづくりにはなるように思う。

修羅場で己と対峙する ―野田―

立ち止まり、自分を振り返ること。なりたい自分への刺激と挑戦への気概を喚起させられるような匂いをもつ場に身を置くこと。そうした中で、世間や組織の論理ではなく、個の論理に自分を引きつけること。これらは、リーダーに求められる力を磨くことに結果的につながるように思う。それなりの座学は時に必要だし有効だが、リーダーは座学だけでは育たない。座学は、人が旅を歩みだすためのきっかけ、もしくはきっかけを生む触媒にすぎず、それ以上でもそれ以下でもない。金井さんも同意見だと思うが、リーダーとして歩む力が最も有効な形で磨かれるのは、苦しい修羅場体験をした時だ。

私たちは、逃げ道のない難局に追い込まれると、ギリギリの判断を迫られる。時間的制約がある中で、自身の納得する解を見つけなくてはならず、しかもすべてを取ることはできなくて、何かを捨てざるをえない。葛藤が渦巻き、重圧に押しつぶされそうになる。そんな場面で決断してこそ、自分というもの、自分がよりどころとするものがあぶり出されてくる。

経営者としての理念や哲学が問われるのも修羅場においてだ。ある経営者が日頃は「企業は人だ」「人を大切にする」と語ってきたとしよう。会社が順調に成長している時は問題はないだろう。しかし競争環境が一変した、深刻な景気後退で売り上げも減った、どうしても資金繰りがつかないという時にも、その言動を守り通せるだろうか。社員全員の給与を下げてでも雇用を守り抜くのか、やむをえず、不採算の事業を一部切り捨ててリストラをするのか……。その時に経営者としての普段の言動が本当の意味で試される。ギリギリの判断に迫られてこそ、平時に標榜《ひょうぼう》していた経営持論や哲学の重さが問われる。言い換えれば、ギリギリの判断を繰り返すことで、ちょっとやそっとではぶれない軸が形成される。

組織の中堅社員も、日常的に困難な場面に多々遭遇しているはずだ。しかし、判断を上司にあおげる立場にいたり、判断の結果に個人としての痛みを感じないで済む場合には、それは修羅場体験としての一番重要な条件を満たさない。修羅場の条件は、判断にあたっての最終意思決定者が自分自身であること、そして意思決定の結果に対し、お金の問題も含めて自分が責任をとらなければいけない場面であることだ。創業者の経営リーダーに独自の哲学の持ち主が多いのは、その人が、こうした条件を備えた真の修羅場を、数え切れないぐらいくぐってきているからだろう。

もちろん創業者でなく、サラリーマン出身の経営リーダーにも、若い時代の修羅場経験で自分を磨いた人は見られる。そういう経営者の経歴で特に目立つのが、海外で奮闘した経験だ。キヤノン会長の御手洗冨士夫さんは、本社に呼び戻されるまでアメリカに二十三年間もいた。ソニー元会長兼CEOの出井伸之さんは三十代前半にしてフランスで海外子会社をゼロから立ち上げた。トヨタ自動車元会長の奥田碩さんに至っては、若い頃、反骨がたたってフィリピンの現地法人に放り込まれ、一時は出世の道を断たれたとも言われていた。

海外での事業立ち上げ、オペレーション、異文化の中での顧客や取引先・政府当局とのコミュニケーションでは、日本の世間一般の論理や本社の組織の論理は通用しない。そうした環境の中、自らが意思決定をする立場に追い込まれ、かつその責任を一人で負う。それは早くから自らのリーダーとしての資質を磨く最良の環境かもしれない。海外駐在と言うと、社内的には傍流に「飛ばされた」と見なされてしまう会社も依然としてあるようだが、であればこそ、リーダーは辺境から生まれるのかもしれないと思えてくる。

海外駐在のみならず、事業子会社への出向、新たなビジネスの立ち上げや撤退、納期までに必ず実現しなければいけないプロジェクト、ヘッドとして臨むクロス・ファンクショナル・チームなど、多くの人を巻き込みながら、退路を断って前へ進まなければならないような仕事も、同じような環境を提供してくれる。こうした修羅場で、私たちは自分と対峙する。対峙するとは、自分には何ができて、何ができないか、何を約束できて、何を約束できないかを明確にせざるをえない状況に追い込まれることだ。のるかそるかの場面で、出世、自己保身、経済的報酬、プライド、あるいは周囲への配慮、人へのコミットメントといったものの中から、自分にとって必要のないものを、その都度決断しながら捨てていく。そぎ落とし、だけど最低限これだけはどうしても必要だと思われるものが最後に残った時、その人にとって本当に大切なもの、絶対に守るべき価値観が、くっきりと形をもって立ち現れる。そのことによって意志がより強く固まり、ぶれない行動がとれるようになる。

「一皮むけた経験」 ―金井―

リーダーシップの旅を歩む上での力が磨かれる場面として、私は「一皮むけた経験」を挙げたい。

社会人向けの大学院のクラスで、あなたのベストジョブは何ですかとか、仕事で「一皮向けた経験」を語って下さいと水を向けると、力のある人であれば、何か答えが返ってくる。命令されたことをこなすだけでなく自ら絵を描いた仕事、「言い出しっぺなのでやれ」と言われ、人々を巻き込んでいった仕事、自信のない上司からプロジェクトを押し付けられて、困りながらも自分なりに深く考えて前に進んだ仕事など、リーダーシップに近い良質な経験を積んできた人は必ずいる。

「リーダーシップの旅をしていますか」と聞けば、考え込んでしまうかもしれないが、「これまでの仕事経験に旅の要素がありませんでしたか」と聞き直せば、相当の人がうなずくのではないかと思う。

私自身は、オープンに「一皮むけた経験」を三つか、それ以上、語ってもらい、そこから、経験の教訓を引き出し、さらにその教訓がその人なりのリーダーシップの持論に対してもつ意味合いを聞き出すインタビューを、各社の社長や経営トップに行ってきた（『仕事で「一皮むける」』（光文社新書、二〇〇二年）。調査対象が若い人なら、それまでのマイ・ベストジョブを語ってもらったり、管理職になって数年の人なら、管理職になる前のマイ・ベストジョブと管理職になってからのマイ・ベストジョブとを語ってもらい、両者を比べてもらったりもする。

そこで気づくのは、本人がベストとして回想する経験でも、くぐっている最中は修羅場だったような経験が多いということだ。「一皮むけた経験」で最も教訓が多いのは、「ゼロからの立ち上げプロジェクト」なのだが、達成感は大きかったが、やっている間は修羅場のようだったと振り返る人は多い。そういう経験を通じて、人は育つ。修羅場、正念場、真価を問われる瞬間に、人はこれまでの自分の来し方を照らし出し（revealing）、試練をくぐり（testing）、そのことから自分を形成する（shaping）。決定的瞬間には、この三つの機能がある（J・L・バダラッコの前掲書）。なんでこんなことに取り組んでいるのか、と自分の足跡《そくせき》を見定め、試練に耐えるかどうかという土壇場で自分を試し、それに耐えることから自己鍛錬していく。

究極の資質「人間力」を育むもの－野田－

この章では、リーダーが、リーダーシップの旅を歩むにあたって必要とされる力、そして旅を歩む中で磨く力を、構想力、実現力、意志力、基軸力といったものに要素分解して議論してきた。しかし、要素分解には、常に「木を見て森を見ず」の危険性が伴う。それに何よりも、こうした要素分解ではどうしても表せない力、あるいはこれらの要素を底辺で貫く力がある。それは、リーダーが人としてもつ魅力、つまり「人間力」だ。

リード・ザ・セルフから始まるリーダーシップの旅も、一人では貫徹できないのが通常だ。旅の途中からは、人々から共鳴、共感をもらい、賛同を得て、ともに力を合わせて歩んでいくことになる。その際、リーダー（になる人）が「この人にならついていきたい」「この人となら一緒に仕事をしてみたい」「この人のためにひと肌脱ぎたい」と言ってもらえる人であれば、命令や権威、飴とムチでの動機づけをしなくても、フォロワー（になる人）の自発的な参画や協働を可能にするだろう。実現に向かって人の輪が広がり、ごく自然に自分の夢がみんなの夢になっていくに違いない。難しい話でもなんでもない。戦略的思考とかコミュニケーションスキルを磨く前に、魅力的な人間であること、リーダーシップはこれに尽きると言ってもいいかもしれない。

しかし、人間力をどうやって磨けばよいというのか。これは相当難しい。今の私には十分に説明しきる識見があるとは到底思えないが、おぼろげながら感じていることはある。人間力を磨く上で大切なことは、私なりの言葉で言うと、「人の営みに対しての理解と尊敬の念をもつこと」ではないだろうか。

この惑星の大いなる自然の中で、人間は塵芥《じんかい》のような存在だ。悠久の歴史においても個々人は小さい。また、人間は光と陰、多くの矛盾を抱えた動物でもある。同じ種同士で殺し合い、自分たちの足元で環境破壊を起こしている。自由と解放を強く求める一方、欲望も果てしない。豊かになるために築いた社会システムによって、自らを不幸にしたりもする。

けれども、人間がつくり出すエネルギーには、それなりの大きさとインパクトがある。そして、人間は何かをつくり出す過程や結果から、他の人に対して感動を生み出す。感動を糧《かて》にしながら、「真・善・美」を求めて、人間はさらに自らを成長させようとする。たとえそれらの概念が、知的生命体である人間が脳の神経中枢につくり上げた共同幻想にすぎないとしても。

ちっぽけな、矛盾に満ちた存在である人間の本性を理解しながらも、ニヒリズムに陥らずに人間の営みに敬意を払うこと。自分自身や周囲の人の「生」に対する愛おしさを感じること。それができた時、私たちは、例えばダライ・ラマが説く「慈愛と思いやり（Love and Compassion）」をもち、人間力を磨くことができるのではないだろうか。

人の営みに対する理解と尊敬を深める方法は色々あるだろうが、その一つに、歴史や芸術、哲学を学ぶことがある。人間が長い時間をかけて築き上げてきた文明、思想・宗教、科学体系などの教養に触れ、人間の英知を学ぶことが何よりも重要だと思う。

私が大変尊敬し、リーダーシップ塾への支援もいただいているリーダーに富士ゼロックス最高顧問の小林陽太郎さんがおられる。小林さんが会長を務める日本アスペン研究所では、まさにこの領域、「教養」を全人格教育の中心に据えている。古典という素材、対話という手段を通じて、人々が理念や価値観を見つめ直し、今日的な課題に照らして思索しながら、将来を展望するための場を提供している。

かつて大学では、一、二年生のカリキュラムにおいて教養を学ぶ機会があった。人間力を磨く土台、リーダーシップへの旅立ちの素地が、私たちの感性が最もみずみずしい青年時代に培われるものだったとすれば、大学時代遊び呆けた私としては、今さらながら悔やまれてならない。とは言え、すでに青年期をはるかに過ぎたオジサンの私たちにも、チャンスはまだ残っていると信じたい。

若い時に学ぶ教養もあれば、社会人になり、社会の矛盾や人間の強さ・弱さがより身にしみた後に学ぶ教養もあるのではないか。人間力は奥行きの深い概念だが、それはそのまま、年齢や人生のステージにとらわれない、私たちが人としてもつ成長の潜在力を暗示しているように思う。

私たちがリーダーシップの旅を歩むにあたって必要とするもの、旅を歩むことで身につけるものとして、構想力・実現力・意志力・基軸力などが挙げられる。中でも意志力・基軸力が重要となる。

意志力は頭と心の一致によって生じ、アクティブ・ノンアクションを乗り越える力となる。

旅を貫徹するためには、基軸力が欠かせない。基軸力はぶれない、逃げない姿勢の礎《いしずえ》となるもので、トレードオフを伴う決断の積み重ねによって磨かれる。また世間や組織の論理から脱し、個の論理で生きること、すなわち個の自立がその前提となる。

私たちは「仕事上の経験」を通じてリーダーシップの力を磨く。とりわけ自らが最終責任者として困難な局面に挑む「修羅場体験」は、私たちを一回り大きく成長させる。

学校で身につけるリーダーシップは限定的にならざるをえないが、学校が自分を振り返り、人生の間に何度かくぐることになる「一皮むけた経験」を内省し、未来を展望する「場」であるのならば、それは旅のきっかけとしては有効だ。理想的な場には夢や志を育む空気があり、己と向き合わざるをえないような「匂い」が満ちている。

より長い時間軸と経験の連鎖という観点から見るなら、リーダーシップの旅は人間力を磨く旅となる。人間力は、人類が築き上げてきた英知である教養を学び、人の営みに対する理解と尊敬の念をもつことによって、その土台が培われる。

第五章　返礼の旅

なぜ、将来のリーダーとして期待された人が、旅の途中で、挫折してしまうのでしょうか。

いつ振り返っても、絶えず人が自発的についてくるためには、何が必要なのでしょうか。

あなたがフォロワーならば、自発的についていきたい人とは、どんな人でしょうか。

あなたは、「自分のため」と「人のため」「社会のため」は両立すると思いますか。

多くのリーダーは「世のため、人のため」を口にします。なぜでしょうか。旅を歩む中で、どうやって利他性や社会性を身につけるのでしょうか。

あなたはヒトラーをリーダーだと思いますか。ヒトラーにも人が自発的についていったという事実をどう評価しますか。そのことはリーダーシップについてのあなたの考えとどう整合しますか。

ノブレス・オブリージュ（高貴なる責任）とは何でしょうか。リーダーシップとどう関連するのでしょうか。

なぜリーダーは歩みを止めるのか―野田―

今、この国には若手や中堅の骨太のリーダーが少ない。創造と変革の必要性がこれほど叫ばれていても、私たちと同世代、もう少し広げて三十代前半から五十代前半の人たちの中から、明日の日本を背負って立つと周囲がはっきり期待できるようなリーダーが、経済界にも政界にもなかなか現れてこない。この国の妬《ねた》み嫉《そね》む文化が彼らの足を引っ張るからなのか、期待の星が現れたと思っても停滞したり、いつの間にか表舞台から消えていったりする。

とりわけ、このところ「時代の寵児《ちようじ》」ともてはやされた若手リーダーが挫折する事例が続いた。ホリエモン事件がその象徴例だ。あれほど劇的な挫折とまでいかなくても、起業家として生きいきとしていた人が、IPO（株式公開）をした途端、急に失速し萎んでいくのはよく見られる現象だ。頑張っている若手実業家、政治家、活動家はたくさんいるが、もう一段ステージを上がり、社会全体をリードするまでには今ひとつ至らない。そう感じているのは私だけだろうか。

かなりのリスクを負い、大きな活動をして、たくさんの人を巻き込んでいた人たちがなぜつまずくのか。あるいは小ぢんまりした成功でなぜ足を止めてしまうのだろうか。その人たちの失敗を単に他山の石としていいのだろうか。自分は停滞などしない、失速などしない、挫折などしないと言い切れるだろうか。

二〇〇〇年に十三年ぶりに帰国してから、私は自分のすべての時間をNPO活動に注ぎ込んできた。たった数人規模で始まった活動は、幸いなことに今では数百人の人々に支えられ、応援をいただいている。周囲からも活動はうまくいっていると見られているだろう。

しかし、この七年間ずっと、そして今も、私は時折、激しい不安感に襲われる。NPOの運営が破綻するのではという恐怖では必ずしもない。一見順調に見えて、自分でも気がつかないうちに、その活動が小さくまとまっていき、「あの活動も、ちょっと前までは志があって、面白いことをやっていたけど、結局あそこ止まりだった」とか「以前とはずいぶん変わっちゃったね」と言われるようになってしまうのではないかという不安だ。

もしも、私たちのNPOが停滞、変質するとしたら、その原因の一つは、活動がだんだん大きくなるにつれて安定性・持続性を求めてしまい、組織化の副作用を受けてしまうことにあるかもしれない。第二章で述べたように、組織化は環境への過剰適応という自己破壊DNAを組織に組み込んでいくプロセスでもあるからだ。けれども、そうした組織化のパラドックス以上に、リーダーシップの旅を歩む個人の問題が大きいと私は思う。先ほどの不安の根っこには、自分自身の人間としての器の大きさに対する不安がある。

したがってＮＰＯの主宰者たる自分自身への戒めとしても、リーダーシップの旅の破綻要因、リーダーのつまずきや挫折の背景をきちんと考える必要があると思う。

利己と利他のシンクロナイズ ― 野田 ―

この本において金井さんと私は、「すごいリーダー幻想」にとらわれてはいけないと何度も繰り返してきた。リーダーシップの旅はだれの前にも広がっていて、一歩を踏み出すことから始まる。その旅の一歩を踏み出す原動力は人それぞれだとも述べてきた。

私の知り合いの実業家にこんなことを言う人がいる。

「俺はごくフツーの家に生まれ育った。親はぜんぜん金持ちじゃないし、俺自身、一流大学も出ていない。ルックスもパッとしないし、歌もうまくない。スポーツもダメ。笑いのセンスはないから芸人にはなれないし、口が達者じゃないからペテン師にもなれない。それでも街できれいな女の子を見たら、あんな子にモテたいと思った」。彼はコンプレックスと下世話な欲求に突き動かされて起業し、旅の一歩を踏み出した。

私はこれはこれでいいのだと思う。

もちろん、旅の一歩の原動力が、大望、夢、志、プロフェッショナリズムといったポジテイブで、より清廉なものであるに越したことはないだろう。しかし、その人のエゴであったり、劣等感の裏返しであったり、あるいは自己実現へのあくなき渇望であることも多いのではないだろうか。実際、後者の方が、旅を歩むにあたってのエネルギーとしては強烈かもしれない。

旅のスタートが高邁《こうまい》な理想である必要はない。「きれいな女の子にモテたい」と思って始めた旅であっても、実現への思いが強く、周囲の共感が得られるものであれば、多くの人がついてきてくれる可能性はあるだろう。利己を否定するところからは、リーダーシップは始まらないし、無私を強調しすぎると、旅は一部の生まれつきの聖人だけが歩めるものとなってしまう。「すごいリーダー幻想」への後戻りだ。

ただし、旅を歩む人（結果としてリーダーになる人）の利己が利己でとどまる限り、旅はより大きな挑戦につながっていかないし、いつの間にか脇道にそれたり、停滞したり、失速してしまう。この点が何より重要だと思う。

第一章で私は「振り返ると人がついてきていた経験」が、リード・ザ・セルフからリード・ザ・ピープルへの橋渡しだと話したが、旅の途中で私たちは「ふと振り返るとだれもついてきていなかった」経験を味わうこともある。いつ振り返っても自発的に人がついてきてくれているのか、そうでないのか。その分かれ目にあるのが、利己と利他のせめぎ合いなのだと私は考える。

私がフェローをさせていただいている稲盛財団の稲盛和夫さん（京セラ創業者）がよく語る有名なエピソードがある。創業間もない頃の話だ。稲盛さんが起業したのは「自分のセラミック技術を世に問いたい」という動機からだった。そして京都セラミックは、「稲盛和夫の技術を世に問うための会社」として設立された。この目標に向かって、熱意ある仲間たちが集まり、知人からの出資も得て、会社は誕生した。

ところが、設立二年目に高校卒の新入社員を十人ほど採用したところ、稲盛さんにとって思いがけない出来事が起きた。仕事をおぼえたばかりの新入社員たちから、待遇保証を求める〝連判状〟を突きつけられたのだ。稲盛さんとしては、会社の前途に確信はないものの、必死でやればなんとかなると将来を描いていた頃で、社員たちも会社の現状を理解してくれているはずだと思っていた。しかし待遇保証の要求は強硬で、団交は三日三晩続いた。

稲盛さんにしてみれば、心外な要求だった。「自分の技術を世に問うために会社を作ったのに、縁もゆかりもない他人を採用したばっかりに、こんな法外なことを言われる。なんと理不尽な」と思われたそうだ。悩み果て、ついには社員たちにこう説いた。「私は命を賭《と》してもこの会社を守っていく。もし私がいいかげんな経営をし、私利私欲のために働くようなことがあったら、私を殺してもいい」。

ようやく要求は撤回されたが、この経験は稲盛さんに、企業を経営する目的の根本的な問い直しを迫った。稲盛さんは、企業経営とは、自分の夢を実現することではなく、現在はもちろん将来にわたっても従業員やその家族の生活を守っていくことだと気づく。と同時に「とんでもないことを始めてしまった」と思い知らされるのだ（『敬天愛人——私の経営を支えたもの』ＰＨＰ文庫、二〇〇六年）。

京セラの経営理念には今も、「全従業員の物心両面の幸福を追求する」が掲げられ、さらに社会の一員としての責任を果たすため「人類、社会の進歩発展に貢献すること」と続く。稲盛さんご自身は「動機善なりや、私心なかりしか」と自問しながら会社を成長させ、後に電気通信事業にも参入していく。

おそらく稲盛さんは、利己と利他のせめぎ合いを早い時期に乗り越えた、ごく稀なリーダーなのだと思う。どのくらいの葛藤をへたのか、私の推察が及ぶところではないが、その葛藤の超克はあまりに潔すぎて、私には真似しがたい気もする。

ただ、遅かれ早かれ、起業家やベンチャー経営者は似たような経験をするのではないだろうか。

　会社は、設立を決めた瞬間は創業者のものだ。けれども、瞬間的にそうであるだけで、他人からお金を借りたり、商品アイデアに賛同してくれた人から出資を受けた段階で、早くも創業者個人の所有物でなくなる。「働きたい」と言ってきた人を雇い、「商品を買いたい」と手を差し伸べてくれた取引先に出荷し、最終的にはお客さんが「これ、いいね」と買ってくれる。当たり前の話だが、ステークホルダーの支えがあってこそ、商品や技術を世に問いたいという経営者の夢はかなう。

　中には、金もうけが夢だと明言する創業者もいるだろう。それ自体は悪いことではない。だが、実際にはそういう会社が長くもたないことは様々な事例によって明らかだ。長く存続する企業では、創業者の思いがステークホルダーによって連鎖的に裏書きされ、企業活動が拡大するに伴って、支援もまた拡大していく。

　事業に成功した創業者には何度も心の中で手を合わせ、感謝の言葉をつぶやいた経験があるのではないだろうか。初めは自分が「見えないもの」を見て、夢の実現に向かって一人で行動を始めたとしても、振り返ると人がついてきてくれて、巻き込む人数も増えていく。その結果、彼（女）はリーダーになるのだが、同時に、人についてきてもらったという経験が、リーダーの原動力を利己から利他へと転換させる。より正確に言えば、時間が経過する中で、利己と利他がシンクロナイズ（同期化）していく。

リーダーシップの旅を歩む人は、自分の「内なる声」を聴き、一歩を踏み出す。その声が真摯であればあるほど、人はそこに共感してくれる。そして支援と協力の輪が広がっていく。金井さんが先に紹介した小説『アルケミスト』には、珠玉の言葉がいっぱい詰まっているが、中でも私が一番好きな言葉は、サンチャゴ少年がピラミッドへ旅立つ前に、不思議な老人から告げられる予言のようなメッセージだ（野田訳）。

——本当に何かを望んだとき、宇宙のすべてが協力して、夢の実現を助けてくれる。

私たちが本当の本当に何かをやりたいと思う時、周囲の人は協力を惜しまない。そして協力を得た時、私たちの中には心境の変化が起きる。自分が前へと突き進めるのは、ついてきてくれる人たち、サポートしてくれる人たちのおかげだという気持ちがわく。自分が先頭に立つから人がついてくるのではなく、人が後押ししてくれるから自分が先頭に立てる、やっていける。自分が他人を支えているのではなく、他人が自分を支えてくれている。己と他の境界線は溶解し、利己と利他は渾然一体となる。これこそ「自分の夢がみんなの夢になる」ということなのではないだろうか。

利己と利他のシンクロナイズは、すべてのケースで起こるわけではない。利己にとらわれ、利他を意識しない人の方がむしろ多いぐらいだろう。その結果、リーダーシップの旅が停滞し、失速し、時に挫折する。試練の時にリーダーが「みんなが頑張ってくれているのだから」と自分に言い聞かせられれば、その人の内面では利他と利己がシンクロナイズし始めている。そうなると、周囲の一層の協力が得られ、試練を一回り大きなスケールで乗り越えられるかもしれない。しかし、試練の時には「俺が苦しんでいるのになぜ……」「こんなに私が頑張っているのになぜ……」とついこぼしたくなるのが人情だし、表面的に「人のため」と言っているだけでは、試練を乗り越えるエネルギーにはならない。

ＮＰＯ活動を始めて七年。私自身が、まさに利己と利他がシンクロナイズするかどうかの岐路に立っているように思う。私はもともと自分自身への思い入れが強く、何をするにせよ、「自分が、自分が」という意識が抜けない。何かを強く望めばだれかが助けてくれる、そして、だれかが助けてくれるからこそ何かを強く望める、と思えるようになるかどうか。それはたぶん最もきつい上り坂を歩いている今、自分に試されている。

シンクロニシティ ー 金井 ー

野田さんと私が、以前からいつか翻訳が出たらいいのにと話し合ってきた、リーダーシップを扱ったとても不思議な一冊がある。ジョセフ・ジャウォースキー（Joseph Jaworski）による『シンクロニシティ——未来をつくるリーダーシップ』（金井壽宏監修、野津智子訳、英治出版、二〇〇七年）という本だ。

シンクロニシティとはカール・グスタフ・ユングの言葉で、普通の因果論的思考では理解するのが難しいような不思議な時空間の布置のことをいう。ドストエフスキーなどの小説でよく見られるが、それぞれ自分の人生を懸命に歩んでいる人たちが、同じ時、同じ場に自然と合流する現象、だれかの意図で、あるいは、何かが原因でそこに来たというより、まるで時を共通にして、その場に吸い込まれたような場合に、ユング派の分析心理学者はシンクロニシティもしくは共時性と呼ぶ。

ジャウォースキーは、自分のリーダーシップの旅を描いた本を、なぜ『シンクロニシティ』と名づけたのか。もともと、彼は腕利きの弁護士だった。六〇年代後半には、すでに弁護士事務所のパートナーで、仕事は忙しいが興奮に満ちていた。

しかし、四十一歳の時、突然、妻に離婚を切り出され、息子とも離ればなれになってしまう。ジャウォースキーは、それまで感情をあまり表したこともなかったし、内省することも稀だった。ただこの時ばかりは、初めて内省し、色々と書き記すうちに、姉の息子が亡くなった時を除けば、成人してから泣いたことがなかったと気づく。

ジャウォースキーは、感情をオープンに表出するようになると、周りの状況のもたらす圧迫からの自由と、志やこだわりをもって自分の人生の目標を追求する自由を感じ始めたという。その後、彼は、公共的な責任を果たす最高のリーダーシッププログラムを目指して、ALF（The American Leadership Forum）を創設するのだが、それまでの旅がまた興味深い。だれに会っても、次にだれに会うべきかを教わることができ、人の輪、紹介の連鎖、ネットワークが広がっていく。そして彼自身が世界中を訪ね歩くプロセスで、リーダーシップに目覚めていく。

この本の自伝的叙述は、野田さんの旅とも重なるのではないかと思う（野田さんはジャウォースキーと違って、奥さんと超ラブラブだけれど）。野田さんが好きだという『アルケミスト』からのセリフ「本当に何かを望んだとき、宇宙のすべてが協力して、夢の実現を助けてくれる」という言葉は、ジャウォースキーの共時性に支えられた旅にも当てはまる。

ALFは公共性・社会性のリーダーシップを扱い、多様なミドルのプロたちからなるネットワークとなっている。プログラムの骨子は、次の七つの命題、問題意識に集約される。

①アメリカのリーダーの最大の問題は、自分を知らないことだ。

②アメリカのリーダーの問題は、リーダーシップそのものの自然な姿を知らないことだ。

③アメリカのリーダーの問題は、コミュニティ、国家、研究分野、方法などいつも分断する概念にとらわれ、我々の相互のつながりを表す概念に焦点を合わせないことだ。

④アメリカのリーダーの問題は、世界とアメリカの相互依存に無知で、世界全体を意識する気持ちに乏しいことだ。

⑤アメリカのリーダーの問題は、価値観を問わないので、いつも「なぜ」「なんのため」を問い忘れることだ。

⑥アメリカのリーダーの問題は、変化を起こし、今までと違うことが起こるようなチームを創造する方法を知らないことだ。

⑦アメリカのリーダーの問題は、色々なステークホルダーの大切さ、多元主義の重要さを十分に意識していないことだ。

決してこれらはアメリカのリーダーだけの問題ではないだろう。

サーバント・リーダー——金井——

京セラの稲盛さんについては、イナモリフェローの野田さんの方がはるかに詳しいのだが、稲盛さんは、利己と利他に絡んでよくこんな話もされる。得度《とくど》まで受けたあの人らしい地獄と極楽の話だ。

地獄では大釜の中でうどんが湯気を立てて煮えている。ところが、それを食べるには、長さ一メートルほどもある長い箸を使わなければならない。地獄に落とされた人たちは、その長い箸で争うようにうどんをつかもうとする。しかし、箸が長すぎるので、うまく口に入れることができない。みんな自分が真っ先に食べようと争うが、うどんは飛び散ってしまい、だれも食べられない。

極楽にも同じような大きな釜がある。うどんが煮えており、長い箸を使うのも地獄と同じだ。ただ、大きく違う点が一つだけある。極楽では人々はうどんを長い箸でつかむと、釜の向こう側にいる人たちに「どうぞ、お先にお召し上がりになって下さい」とすすめる。釜の向こう側の人はそれをいただき、「ごちそうさまでした。今度はあなたにお返しさせて下さい」と相手に食べさせる。だから、極楽では全員がおいしいうどんを食べられる（『成功への情熱』ＰＨＰ文庫、二〇〇一年）。

この話は、「究極の利己は利他である」ということをよく表していると思う。利他とは相手を手段視することでもない。もしも、地獄の住人がうどんを食べるために相手を利用してやろうと思ったとしても、やはりうまく食べられないに違いない。

利己と利他に関しては、「サーバント・リーダー（奉仕型指導者）」という概念も参考になるだろう。その提唱者であるR・グリーンリーフは、リーダーと「サーバント（従者、奉仕する人）」という本来一致しない言葉を同居させ、リーダーが自分たちに奉仕する、尽くしてくれると思える時にフォロワーはついていくと考えた。ジャウォースキーのＡＬＦもサーバント・リーダーをセオリーの基盤に置いている。

グリーンリーフがこの理論を思いついたのは、ヘルマン・ヘッセの小説『東方巡礼』が一つのヒントだった。物語の中で語り部である音楽家はある秘密結社に入り、東方への巡礼の旅に参加する。旅の供をする従者レーオは色々とメンバーの面倒を見てくれるのだが、ある時突然、姿を消す。再びこの音楽家とレーオが相見《あいまみ》えるのは、結社の集会の場であり、実は従者レーオこそ結社のリーダーだったという顛末だ。

　また、グリーンリーフ自身が学生時代に、オスカー・ヘルミングという社会学者から受けた講義も彼に影響を与えている。その社会学者は、およそ世の中に存在するあらゆる機関は、世界に何かをもたらすために存在している、皆さんが会社や学校のリーダーになった時は、自分がどうすれば社会のために役に立つかを考えよ、と述べたという。

　サーバント・リーダーには次のような行動特性がある。第一に、サーバントだから受け身というのではなく、意識的なイニシャティブ、率先して示すべきものがある。「私も使命のために行進するし、皆さんもついてきて（I will go, come with me）」という姿勢がサーバント・リーダーには見られる。

　第二に、何がやりたいのかが分かっている。その行き先を示すビジョナリーなコンセプトを抱き、それがあるからこそ、奉仕する対象の人たち（主人かつフォロワー）と究極のコミュニケーションができる。目指す夢を語る言語能力と想像力も当然求められる。説得力はただ言葉の問題ではなく、行動を伴わなくてはならない。まさに必要という時、その場にいてアクションを伴いながら説得する言行一致がなければ、サーバント・リーダーは務まらない。

　第三の特性は傾聴と理解だ。アラビアンナイトの物語『アラジンと魔法のランプ』に出てくるサーバント（ランプの魔人）が「ご主人様、お呼びですか。何をお望みで」と尋ねるように、主人（フォロワー）の期待、要望、お願いに耳を傾け、理解する。受容と共感も必要だし、相手がすべてを言語化してくれるとは限らないので、気づきと知覚も大切となる。

第四に、ある種の先取り能力、先見性も求められる。サーバント・リーダーはフォロワーに見えないものを見て、知りえないことを知り、予見しえないことを予見する。といっても、この感知力、予見力は超自然的なものではない。直観も必要だが、決断できなければただの予想屋にすぎない。また、見通しが大事なのは、それがないと倫理的にもろくなるからだ。

第五に、グリーンリーフは、控えることを知っていることを強調している。役立ち、尽くし、その存在が人々の癒しともなること。そのような行動があってこそ、サーバント・リーダーは成り立つ（金井真弓訳『サーバントリーダーシップ』英治出版、二〇〇八年）。

ただし、いくらリーダーがフォロワーの望みに耳を傾け、奉仕しても、描くミッションや至高のものがなければ、誇らしく充実したサーバント・リーダーではなく、単なるサーバント（召使い）になってしまう。サーバント・リーダーシップは媚びる生き方ではなく、下僕になることでもない。

ビジョン、概念化能力、さらに使命感をもつサーバントとは、いかにも高潔すぎて難しそうだが、存在しうるとしたら、人のお役に立ちたいという自然な感情によってリーダーが行動し始める場合だろう。自分のミッションをもち、経験のある人が、経験が深い分だけフォロワーを手助けし、リードするような関係は現実社会の中でもしばしば起きる。子供の将来を思ってリーダーシップを発揮するような親、例えば、メジャーリーグで活躍するイチロー選手を育てた父親にもサーバント・リーダーの要素が見受けられる。

達成欲求、パワー欲求、親和欲求―金井―

モティベーションを研究したD・マクレランドによると、人間の欲求には「達成欲求」「パワー（権力）欲求」「親和欲求」の三つがある。

ベンチャーを起業する人は達成欲求が非常に高い。けれども、いくつになっても自分一人で一等賞を狙ってばかりいると、歪んだ人間ができてしまう。また、ワンマンで起業した人でも、仕事の内容が大きくなるにつれて、他の人々を通じて事を成し遂げたり、大きな絵を描いて人を巻き込んだりすることが必要になってくる。

パワー欲求が「権力欲求」と訳されてしまったのは不幸で、だれかを動かすようなパワフルな人がいないと、世の中は成り立たない面がある。こうした影響力、勢力への欲求、「人に影響を与えたい気持ち」にマクレランドは着目した。ごくごく簡単に言えば、「人にはっぱをかけるのが上手い人」はパワー欲求が強いことになる。

マクレランドは親和欲求の研究ではあまり大きな足跡を残さなかった。ただ、その一番弟子のD・マッカダムズは生涯発達という視点から、人との関係性にまつわる欲求として「親密欲求」を取り上げた。これは、アイデンティティを確立しつつも、他の人々と共同したり、育成したり、ケアしたりするような行動をとりたいという欲求を指す。

人類は直立歩行をするようになって脳が発達し、道具や火を使いこなせるようになったとは言え、他の動物と比較すれば、単独では弱い。走るのは速くないし、木登りもうまくない。進化心理学的に見て、だれかと一緒にいることを楽しんだりともに働いたりできる人、お互いを気にかけることができる人ほど、生存確率は高かったはずだ。

A・H・マズローは欲求階層説の中で、よりベーシックな欲求ほどおそらく本能に基づく度合いが高いと説いたが、マズローの言う「愛と所属の欲求」は欲求階層のちょうど中間層に位置する。したがって、親密さ、社会性を大事にする欲求にハードワイアード、つまり遺伝子レベルの側面があっても不思議ではない。

そもそも「ともに」という感覚はリーダーシップのテーマでもある。自分だけで成し遂げるのではなく、「ともに」成し遂げる。一人で歩み始めた旅でも、「ともに」歩む人が出てくる。一人芝居のリーダーシップはない。

しかし、それでも利他に至る前は、「自分ごと」でスタートするものだ。野田さんがリード・ザ・セルフを第一段階に置く通り。偉大なリーダーの例を出しすぎかもしれないが、あのガンジーでさえ、二十代にロンドンで弁護士を目指していた頃は、主として自分が一人前になることを考えていた。インド独立に向かって動き出した頃は達成欲求が高く、人々の気持ちを上手にくみ取ることもできた。そして、なおかつパワフルだった。C・G・ユングやD・レビンソンが示唆したように、人生の半ばを越える頃には、そのような統合ができ始める。

ボウリング・アローン―金井―

近年、ソーシャル・キャピタル（社会関係資本）の議論が盛んになっている。理由は、社会的な共同体こそが結果的に大きな成果を残せるからだ。自分一人では実現できないことであっても、できる人を知っていれば、事は足りる。ある人を助ければ、その人から助けられることもある。

人々とうまくつながっているほど、達成のレベルも高く、そのことをともに喜び合える人がいる分だけ、スケールの大きな仕事ができる。達成と親和が溶け合うのだ。逆に、心の方程式によって人を支配したり、達成だけを旗印に前進するような仕事のやり方は、やがて破綻をきたす危険性がある。

この点に関連して、アメリカ政治学会会長でハーバード大学教授のロバート・パットナムが *Bowling Alone* というきわめて強烈なタイトルの本を書いた（柴内康文訳『孤独なボウリング——米国コミュニティの崩壊と再生』柏書房、二〇〇六年）。かつてアメリカのボウリング場にはだれでも参加できるリーグがあり、ゲームを通じて人種や年齢、職業を越えた社会的絆が生まれていた。今ではそれが失われ、リーグに入らずにボウリングをする市民が増えた。パットナムはその現象を象徴的に提示し、膨大なデータから、アメリカ社会における社会関係資本の衰退について論じている。そして、コミュニティよりも孤独な世界を重視する世代が増え、「コミューナル」（後で詳述する）なテーマに熱心な世代が去りつつあることによって、強いアメリカを支えてきた人々のつながりが減少していると説く。

日本で同じような研究がされていないのがとても残念なのだが、我々の国もまたコミュニティ、愛他精神に近いものをもっと自然な形で取り戻さないと、ジコチュー社会に突き進んでいってしまうのではないかと私は心配している。

いきなり、「世のため人のため」とまでは言えない人でも、一人で成し遂げる達成感だけでなく、ともに成し遂げる喜び、一人で生きているのではなく、一緒に活動する人がいるというすばらしさは、かなり若い世代でも、例えばクラブ活動、文化祭、大学祭、ゼミ、バンド、その他の集まりやイベントを通じて感じているのではないだろうか。最初は、自分がよければいいと思って始めたことでも、一緒にする人が出てきて、果ては、皆に喜ばれることを喜べるようになったりする。

徳と「いきおい」 ―野田―

マズロー理論のように、「究極の利己は利他である」と言うと、確かに分かりやすいし、私も簡潔に説明できなくてそう言う時がある。だけど、利己と利他のシンクロとは、そうではない何かなのではないだろうか。それは、人の中で、この二つの区別が最後にはなくなるということだと思う。周囲からはどう見えようとも、その人の中では「自分のため」と「人のおかげ」の境目が消え、同一化した状態になる。自分もいつかその境地に達したいと願うが、そんな状態なのではないだろうか。

この点、東洋思想に基づく独自の経営哲学を唱える田口佳史さん（イメージプラン社長）

からお聞きした話が、とても示唆に富んでいる。
四書五経の一つ『大学』は以下の書き出しで始まる。
「大学之道、在明明徳（大学の道は、明徳を明らかにするにあり）」
『大学』は、江戸時代までは幼年教育のテキストとして使われ、リーダーたる人の心構えを説いた書物だ。そこでは、リーダーが学ぶべきことは「徳を身につけること」だとされている。

では、徳とは何か。田口さんは「自己の最善を他者に尽くすこと」だと言う。

目の前にコップがあり、喉が渇いた人がいるとしよう。あなたがコップで水を飲ませてあげれば、相手は喜んでくれる。「外は暑かったでしょう」と言って氷を入れてあげれば、もっと喜ばれるだろう。ビールを注いであげれば、（相手がお酒好きなら）もっともっと喜んでもらえるかもしれない。このように、相手の気持ちに立って、尽くし切るのが徳を積むことだ。

田口さんによると、かつて日本では徳という字に「いきおい」とルビをふることもあったそうだ。つまり、自己の最善を尽くして積んだ徳は、その人に勢いを与える。他者に尽くしてきたからこそ、自分が困っている時に協力や後押しがもらえる。不思議なことに、ラテン語のvirtu（英語のvirtue）も、「徳」を意味するとともに、「生きる力」や「勢い」という意味があるそうだ。

田口さんは「日経新聞」の「私の履歴書」をつぶさに調べて、あのコーナーの筆者がよく使う言葉に共通性を見出した。「偶然にも助けてもらった」「ひょんなことから」「たまたまよい知らせがあった」「人に紹介されて」など、成功した人はしばしば、幸運に恵まれて他者からの後押しを受けたと回想しているのだそうだ。これは決して偶然ではなく、その人たちが徳を積んできたからだと田口さんは言う。徳を積んでいけば、必ず本人の勢いとなって返ってくる。「徳＝いきおい」から考えると、そこには利己と利他のシンクロナイズを解き明かす何かが見えてくるように思う。

「世のため人のため」と安易に言う危険性－野田－

個人主義が自己中心主義として歪曲された日本の戦後、ジコチュー社会の日本の現在を金井さん同様、私も心配する。しかし同時に、「世のため人のため」という言葉が安易に、軽く使われることには、私は少なからぬ抵抗を感じる。

最近、企業はだれのために存在するかという命題がしばしば議論される。日本の定説は岩井克人さんの『会社はだれのものか』（平凡社、二〇〇五年）にあり、会社は株主だけのものではなく、あえて言えば社会のものであるという点が強調されている。実際、企業人の中には、会社は何のために存在するかと聞かれて、社会のためと答える人が多いだろう。私も、会社は株主のものではないと思うし、まして株主利益最大化のために会社が存在していると は決して考えない。ただ、問題は、私たちが社会という言葉にどれだけの重みを感じて「社会のため」と言っているかだ。

松下幸之助氏は「企業は公器である」との言葉を残している。私は、これは松下氏のリーダーとしての数十年の人生に裏づけされた言葉だと思う。リーダーシップの旅は長く、時に辛く苦しい。もちろん喜びもあるが、多くの障害に遭遇し、くじけそうになり、「なんでこんなことをやっているのだろう」と七転八倒しながら、前へ歩んでいく。スイスイと進んでいける人はきわめて少数だろうし、まして四六時中「社会のため」「世のため人のため」と口に出して言える人など皆無に近いのではないだろうか。

私自身はと言えば、過去七年間、仲間から、「もはや君のやっているNPO活動は『社会の公器』なんだから自覚をもってくれ」と言われ、「こんなに自分が苦しいのに、公器だなどと言われても……」と、泣きたいぐらいの気持ちになったことが何度もある。その経験から正直に話すと、挑戦し続ける中で、何度も人に助けてもらい、困難から抜け出すことができ、感謝の気持ちで心がいっぱいになった時、ようやく心の底から自然と口をついて出るのが、「社会のため」「公器」といった言葉ではないだろうか。そのくらい重い言葉のように思う。

結果としてリーダーとなった人が使う「社会のため」「世のため人のため」という言葉に接し、その人のそれまでの旅に思いを馳せないでこれらの言葉を使ってしまうと、ひどく上っ面になってしまうのではないだろうか。ジコチューであるより、はるかに耳に心地よい言葉であるだけに、危険でもある気がしてならない。

人とのふれあいがシンクロを加速する－野田－

ローソン社長の新浪剛史さんとハーバード・ビジネススクールで一緒だったことはすでにふれた。あの頃の新浪さんは比較的自己中心的な人だった（謝罪しておくと、私の方がずっとずっとジコチューだった）。新浪さん自身、「かつての俺は資本主義の権化みたいな人間」で、「自己責任で金もうけをして何が悪いと思っていた」と述懐している。

ところが、給食会社の立ち上げやコンビニチェーンの変革を牽引するなど、経営者としてリーダーシップの旅を歩み続ける中で、心境が変わってきたと言う。確かに、心境の変化は、彼の言動の変化として現れている。

変化の理由は仕事を通じての経験にある。社長として地方まで出かけ、フランチャイズ店のおじさんやおばさんたちに会うと、「社長、ありがとう。頑張ってね」と声をかけられる。「あの人たちの笑顔のために頑張ろうという気持ちになる」と新浪さんはしみじみ語る。人間は変わる、変われるものだなあと、私はつくづく感動した。それこそ人間という存在がもつ潜在力だし、私たちは初めからリーダーなのではなく、旅を続ける中でリーダーになるのだと改めて思った（こんなことを言うと新浪さんに怒られてしまうが、涙が出るくらい感動したのだから仕方がない）。もちろん、人間の社会はきれいごとばかりで成り立っているわけでなく、人が集まれば、様々な対立も生み出されるが、人とのふれあいこそが人を成長させる。そう実感した。

そう考えていくと、ＩＴ系ベンチャーや金融などのマーケット系から、なぜ骨太の若手リーダーが生まれにくいのかが、いくらか説明できるように思う。

私はライブドア元社長・堀江貴文氏には会ったことがない。私の妻が彼に会っていて、その日は「すごいわよ、彼。でも、まったく気負ったところがないし、とても素直なのよ」と興奮の面持ちで帰宅した。妻の話を聞き、またその後の堀江氏の言動をマスコミ経由で知るにつれ、私は面識のない彼に期待するようになった。ジコチューと言えば、彼ほどジコチューな人間も珍しいのだろうが、若さゆえだろうし、面白い人だと思った。四十歳ぐらいになったら、とんでもないリーダーに成長するのではないかと勝手に想像を膨らませていた。だから、彼の挫折を聞いた時は、とても残念だった。

あくまで後付けだが、彼の挫折には、彼が身を置いていた環境、サイバーと金融という環境が強く影響しているのではないだろうか。株価を上げ、株式交換でM&Aを行い、さらにレバレッジを活かして株価を上げていく。錬金術とも批判された手法からは、人とのかかわりがほとんど見えてこない。

もし、堀江氏が、社員やパートさんを多数雇い、額に汗して働く人たちと商品やサービスを提供する事業を長く続けて、「ありがとう」と温かい言葉をお客さんや取引先から投げかけられていれば、彼は無意識のうちに、もっと成長していたかもしれない。自分も心の中でその人たちに感謝の言葉を返し続けていたら、いつか、より多くの人がいつ振り向いても後ろからついてくるような経験をしていたかもしれない。若い堀江氏には再起を期待したい。

自己中心性とは素直さの表れでもある。ジコチューを徹底的に極め、時に社会から逸脱した行動をとるように見える人は、何事かを成し遂げた時、旅における新たな岐路に立つ。その岐路において、人とのふれあいなどを通じて素直さをさらに発展させ、社会性を帯びていく人と、ジコチューにとどまったままの人とに分かれていく。前者が、リード・ザ・ソサエティへとリーダーシップの旅を歩み続け、社会のリーダーに結果としてなっていくのに対し、後者は、すべてを自分が主体的に実現させたという感覚にばかりとらわれてしまい、小ぢんまりした成功に安住するか、場合によっては自分を過信して、旅を見失ってしまうのではないだろうか。自分への戒めとして、そう思う。

リーダーシップの暗黒面 ─金井─

さて、ここまでリーダーシップの本質をたどってくると、読者はある疑問に到達しないだろうか。それは「なんであんな人についていってしまったのかなぁ」というタイプの病理的なリーダーにまつわる疑問、リーダーが見た「見えないもの」と、リーダーがとことんやり抜こうとした行動は常に正しいのかどうかという疑問だ。

──ヒトラーはリーダーだったのか？

ヒトラーはアーリア民族の優越性を叫び、ヨーロッパに戦火をもたらした。それだけでなく多くのユダヤ人を虐殺した。けれどもヒトラーは「第三帝国の繁栄」という「見えないもの」を見て大きな絵を描き、途中までは領土拡大という結果をもたらして、ドイツ国民の心をとらえた。ナチス党員はヒトラーの描く絵が正しいと思ったから「喜んでついていった」のだし、ヒトラーは「後ろを振り向けばついてくる人がいる」経験をしたことだろう。この間、野田さんとの議論で提起されたリーダーの条件をいずれもヒトラーは満たしている。

リーダーシップにはそのような怖い側面がある。現代社会でもオウム真理教の麻原彰晃教祖のような人物には、あれほどの犯罪を重ねたにもかかわらず、信者によってリーダーシップが帰属されている。野田さんが取り上げたライブドアの堀江氏も、刑事被告人に身を落とすまでは、時代を象徴するリーダーだった。

研究者の中には、また小倉昌男氏のように優れた経営者の間でも、高い倫理観をリーダーの条件に挙げ、暴君にはリーダーシップを認めないという説がある。しかし、私はリーダーシップにはこのような「暗黒面」があると見ている。その人が描いた絵が間違っていたかどうかを判断することは時の経過、歴史の検証なくしては難しいことが多いからだ。

ヒトラーほどでなくても、小悪魔、プチ暴君なら、もっといっぱいいるだろう。「どうしてあんなやつについていってしまうんだろう」という後悔は、恋愛の世界でなら、人生で何度も経験する人もいる。

元ＩＮＳＥＡＤのマンフレッド・ケッツ・ドブリースは「起業家には、どこか詐欺師みたいなところがある」と述べたものだ。もちろん、すべての起業家が詐欺師だと言っているわけではない。しかし、起業家は、まだ実現していない絵、「見えないもの」を見て、それをビジネスプランで説明し、ゼロ・ステージの資金を得る。支援者は「もしもプラン通りにいかなかったらどうしよう」と危惧しつつ、応援しようと思う。そう考えると、未実現のことを魅力的に語る起業家の姿には詐欺師めいたところがある、という発言はあながち外れてはいない。

私は、リーダーシップがそこに存在するかどうかを見定める基準として、一つには、「喜んでついてくるフォロワーがいるか」という問いを重視してきた。二つ目の大事な問いは、「フォロワーが自律的な判断を失うことなく、喜んでついていっているのか」だ（金井壽宏『リーダーシップ入門』日経文庫、二〇〇五年）。リーダーが強力であるがゆえに、メンバーが従順になりすぎたり、自律性を欠いてしまったりすれば、問題だと思う。したがって独裁者や一部の新興宗教の怪しげな教祖をもリーダーと見なす場合は、リーダーシップにはそのような「ダークサイド」（これに堕ちることを慶應大学の高橋俊介さんは「リーダーのダース・ベイダー化」と呼ぶ）があることに大いに注意しなければならない。

その意味でも、カリスマ論に、経営者のリーダーシップ論を見出すのは危険だ。C・リンドホルムが適切に指摘した通り（森下伸也訳『カリスマ――出会いのエロティシズム』新曜社、一九九二年）、カリスマはフォロワーを集団催眠的に依存させ、その自律性や自己調整の力を萎えさせてしまうという大きなマイナス面をもつ。カリスマに陶酔的に従ってしまうのは、極端に言えば、成熟した個人としては病的な状態にある。

ここで話を終えてしまうのではなく、読者にもう一つ、疑問を投げかけたい。ヒトラーのような暗黒面のリーダーシップほどではなくても、多くの人が正しいと信じてとった行動が後から間違っていたと分かる場合はどうなのか。そのようなリーダーシップは一層複雑だ。例えば、アメリカのケネディ、ジョンソン両政権で国防長官を務め、ベトナム戦争を指揮したロバート・マクナマラ氏のリーダーシップはどうだったろうか。

マクナマラ氏は、若くしてフォード自動車の社長になり、四十四歳でケネディ政権の国防長官に〝天上がり〟して、インドシナ半島に介入した。ベトナム戦争を泥沼化させたのが、両政権の誤りだとしたら、若き俊才ぞろいの政策決定集団は、どうして間違った決定をしたのか。中でもマクナマラ氏は、数学を応用・駆使したOR（オペレーションズ・リサーチ）、システム分析やＰＰＢＳ（Planning, Programming and Budgeting System）の専門家であり、冷静で合理的な分析で効果を測定して、采配を振るっていたはずだ。しかし、現実、現場はまったく見えていなかったと批判されている。

コミューナルなものによる中和―金井―

ちょっと哲学的な話になるのだが、心理学者デイビッド・ベイカンは、人間には「エージェンティック」な面と「コミューナル」な面の二重性があると説いている。

エージェンティックとは、大きな力を背に受けて世界に働きかけ、何かを生み出そうと活動することを意味する。これに対し、コミューナルは、辞書的な意味合いでは共有・親交・交わりを表す。神を崇拝して霊的交流をすることもこの言葉で表される。日本語ではやや無味乾燥に、前者を「主体的」、後者を「共同的」と訳すことが多い。

キリスト教圏でエージェンティックと言えば、究極的には神のエージェントを指す。宗教における布教活動は神の言葉を伝えることがミッションだし、物理学や数学は神の作品を知ることだった。ビジネスの世界で事業を成功させようと努力するのも神の声に従うことだ。

けれども、人々の営みがすべてエージェンティックであるとすれば、人間はだれかの手先として動かされているだけということになる。そうではなく、人間が何かをする中では大勢の人たちとのつながりや関係性が生まれる。つまりエージェンティックが「神の代理人」だとしたら、コミューナルは「檀家《だんか》の集い」のようなものだ。

人間存在の二重性という考え方でベイカンが警告したのは、エージェンティックだけでは、神の代理であった人がやがて自らが神であるような不遜な発想にとりつかれ、その役割に没入してしまう危険性についてだった。そこで彼が選んだメタファーがガン細胞だ。主体性が、もしも共同的なものに中和されなければ、尊大なまでに自己の世界を大きくしようとし、やがて自己も組織も社会も破壊してしまう。

これをリーダーシップに当てはめて考えると、ダークサイドに墜ちたリーダー、ヒトラーやエンロンの経営陣はエージェンティックな面がコミューナルな面に中和されなかったことになる。大切なのは「交わりの中から生きる主体性」「関係性の中から生まれるアイデンティティ」なのだ。

人間存在の二重性は、先に話した達成欲求と親和欲求と対応する。また、リーダーシップ理論を貫く不動の二次元、すなわち「課題と人々」「達成と関係」、そして我が国のリーダーシップ論の大御所、三隅二不二先生が提示された「パフォーマンスとメンテナンス」にも行き着く。
三隅先生は、リーダーシップという複雑な現象をパフォーマンスとメンテナンスという二つの軸で解き明かした。その理論はこれら二軸のイニシャルをとってＰＭ理論と呼ばれている。産業革命以降の社会は、放置しておくとどうしても課題、達成、パフォーマンスの極に偏りがちだった。いくら課題が達成されたとしても、その過程で集団が疲弊、崩壊してしまったら元も子もない。辣腕の経営者も人々を思いやる気持ちがなければ、いつかだれもついてこなくなる。だから人とともにいること、関係を生み出し、維持すること、一言で言えば、メンテナンスが必要になる。
フィリップ・マーロウ風に言うと、リーダーは、タフなだけでもやさしいだけでもやっていけないのだ。

ヒトラーを裁くのはヒトラー自身 ―野田―

第一章で金井さんはキング牧師の演説を取り上げた。私も初めて映像を観たとき、涙を流して感動したし、今でも講演であの演説の映像をよく用いる。「I have a dream（私には夢があります）」との語りかけ、コミットメントと情熱から発せられるエネルギーに満ちた身振り手振りは、私たちの心を揺り動かす。新しい社会へのイメージが浮かび、期待感がわき上がる。

だが、同じキング牧師の映像を観て、まったく違った印象を受ける人もいる。ある人からは、「なんだか悪質マルチ商法のセールスマンみたいですね」と言われた。私はちょっとびっくりしたのだが、そういう見方もできなくはないのかもしれない。目の前で何かの商品の効能がものすごく熱く語られて、言う通りにすればすばらしい生活が送れるようなイメージが喚起された時、聞く方は「見えないもの」を見た気になる。売り手の話術は巧みで、しかも誠意も感じられる、「では、これを買いますか！」と言われ、思わず商品に手を伸ばしてしまう。ペテン師の手口と言えばそれまでだが、リーダーシップの旅を力強く歩む人には、そのぐらいの信念（を装える強さ）とコミュニケーション能力、非現実的に見えることをさもありなんと思わせる力が確かにある。

第一次世界大戦後のドイツでは、戦後賠償によって経済は疲弊し、国民の間には疲労感がたまり、鬱憤《うっぷん》が渦巻いていた。その時、大衆の不安を煽り、感情に訴えることで登場したのがヒトラーだった。不安のポピュリズムと言われるものだが、フォロワーはヒトラーにリーダーシップを見出し、共振関係が作られていったのだろう。

リーダーがもつ力が濫用された時、間違って使われた時、あるいは結果として間違った時、人と社会は、とんでもなく不幸になる。したがって、私はリーダーシップには暗黒面があるという考え方にはまったく賛成だ。だが、ヒトラーという存在をどのようにとらえるかという点では、金井さんと少し意見が異なるかもしれない。

ヒトラーをどう考えるか。ヒトラーを過ちを犯したリーダーだった、大犯罪人だったと断じることはたやすい。「だからリーダーは高い倫理観をもたなくてはいけない、ピリオド」と議論を終えてしまってもいいのかもしれない。だが、それは批評家的な後付けの評価にすぎない。もちろん、私たちは歴史から学ばなければならない。ヒトラーの行為は許されるものではないし、私たちがあのような過ちを二度と繰り返してはいけないのは当然だ。しかし、リーダーシップをあくまで一人称で、自分に引きつけて考える時、それだけでは足りない気がしてならない。

私が感じるもやもや感をあえて言葉に表すと、「ヒトラーを裁けるのはヒトラー自身でしかない」ということだ。私たち第三者が、歴史の検証をへた後付けで裁くものではない。大事なことは、ヒトラーが善か悪かを語ることではなく、自分がヒトラーと同じ時代の空気を吸い、ヒトラーと同じような立場、あるいはドイツ国民の立場に置かれた場合、自分ならどのように行動し、どんな責任を負えるかに思いをめぐらせることだと思う。

私たちはヒトラー以外にも、暗黒面に墜ちたリーダーをたくさん知っている。歴史をたどれば、大虐殺を行ったリーダーはたくさんいる。金井さんの言うように、麻原彰晃も宗教の名の下に凶悪犯罪に手を染めた。そうした歴史、もしくは事実の積み重ねを知った上で、その時その時の今をどう生きるのかを考えることが、私たちにとっては何よりも重要ではないか。先に処刑されたサダム・フセインも、副大統領時代にはアラブ世界で最良の政治リーダだと言われていたと聞く。自分が、フセインの立場に置かれていたら……という問いを、人間としてだれもがもつ弱み、権力や名声からの誘惑、リーダーが陥る裸の王様という落し穴などに思いを馳せながら、自分に投げかける。そして、それに対する自分なりの答えを、自分の旅を歩むにあたっての教訓にし、自分がどのように生きたいのか、どう実際に行動しているのかを自分で見届け、自分を裁き続けるしかないのではないだろうか。

マクナマラ氏についても私の感想は同じだ。彼のインタビューを中心に構成されたドキュメント映画『フォッグ・オブ・ウォー』を観て私が考えたことは、「自分がマクナマラだったらどうしただろうか」だった。残念ながら、人間の判断力や能力には限界がある。マクナマラ氏は本当の意味での高いハードルに挑戦し続けていなかったのかもしれないし、リーダーとして失格だったのかもしれない。けれども、私だって同じ過ちを犯したかもしれないし、失敗したかもしれない。

リーダーシップには暗黒面がある。したがって、リーダーには高い倫理観が要求される。この結論が変わるわけではない。またリーダーには、自分を冷静かつ客観的に省みて律する覚悟と、もし判断を誤り、その結果、自分が不適格だと悟ったら、先頭から潔く降りる覚悟が求められる。リーダーの失敗からそんな教訓を学び取ることもできる。しかし、本当に大切なのは、リーダーシップの暗黒面や失敗したリーダーを三人称で評価することではなく、「自分なら」という一人称で受け止めることだ。歴史から学ぶとは、そういうことなのではないだろうか。

ギフトを返す旅―野田―

リーダーの心の中で、利己と利他がシンクロナイズし、素直な自己中心性ゆえに社会性へと回帰する。その過程で、旅はリード・ザ・ピープルからリード・ザ・ソサエティへと段階を変えていく。この段階まで旅を続けられる人はそう多くはないかもしれないが、リーダーシップの旅を完結させるものについて考えてみたい。

私が所属していたＩＮＳＥＡＤでは、ＭＢＡの学生による投票で最優秀教授賞（best teacher's award）を授与された教授が、これから旅立つ彼（女）らにはなむけの言葉を送る習慣がある。私も光栄なことに、何回かスピーチをする機会に恵まれた。その時、私がいつも引用したのが、映画『スパイダーマン』に出てくるセリフだった。

まだ映画を観ていない人には申し訳ないが、物語を簡単に説明させてもらいたい。主人公のさえない高校生ピーターは、ある日、校外学習で博物館に行く。そこで、遺伝子操作によって誕生したクモに身体を刺されてしまい、特殊な能力を身につける。視力が高まり、筋力もアップ、手首からはクモの糸が出せるようになり、クモと同じように壁に張りついたり、よじ登ったりすることができるようになる。スパイダーマンの誕生だ。

初めピーターは、授かったその力を自分のために使おうとする。車を買うお金欲しさに、プロレスのリングに上がり、首尾よく対戦相手をやっつける。ところが肝心のギャラは約束通りの額ではなかった。ピーターは怒る。と、目の前に突然、強盗が現れ、プロレス事務所の金を盗んでいく。ピーターは強盗を見逃してうそぶく。「僕には関係ない」。

ピーターが外に出ると、人だかりがしていた。もしやと思って駆け寄ると、育ての親であるベン叔父さんが倒れていた。叔父さんはピーターを車で迎えに来ていたのだ。待っていたところを、逃走用の車を手に入れようとした強盗、ピーターが見逃した強盗に襲われ、ナイフで殺されたのだ。

その時、ピーターは、生前の叔父さんが最後に言い残した言葉を思い出す。

「いいか、大いなる力には大いなる責任が伴う（Remember, with greater power comes greater responsibility.）」

正義の味方であることはとても辛い。敵からは生命を狙われ、くじけそうになる。周囲に自分の正体を明かすこともできない。しかし初めはジコチューだったピーターは、授かった力に戸惑いながらも、この叔父さんの言葉を胸に、一つ一つ苦難を乗り越えて、次第に自分の責務に目覚めていく。それは決してカッコいいだけのストーリーではない。映画のラストシーンで、平和のために戦い続ける意志を固めたピーターは、自分の愛するガールフレンドに敵からの危害が及ぶことを避けるため、自分がスパイダーマンであることを隠したまま、彼女に背を向けて去っていく。「大いなる力には大いなる責任が伴う」「僕に与えられた力が、僕を呪い続ける（This is my gift, My curse）」と心の中でつぶやきながら――。

私たちは、人生において色々な力を「ギフト」としてもらっている。生まれつき両親から授かったものもあるし、努力してつかんだギフトもあるかもしれない。リーダーシップの旅を歩き続け、結果としてリーダーになった人はとてもたくさんのギフトをかち取っている。しかし、自分ではかち取ったと思っていても、その大部分は周囲の人たちの協力があってこそ、手に入ったものだ。それらのギフトは、人々の営みがつくり出す社会の上で花開き、育まれ、認められたものだ。

ギフトというものには、世界共通の原則がある。

もらったギフトは返さなくてはいけない、くれた相手にではなく、他の人や社会に対して返すという原則だ。『スパイダーマン』のピーターが手にしてしまった特殊能力は、彼がもらったギフトだ。それは大いなる力であり、自分のために使うのではなく、世の人たちのために使うという責任を伴っていた。

私たちは、自分の努力の結果であれ、授かったギフトに対して、それなりの責任を負っている。その自覚が支えとならなければ、リーダーシップの旅を完結させることはできない。

私にとって『スパイダーマン』は、リーダーシップの旅を描いた究極の映画であるし、その中でベン叔父さんがピーターに残した言葉は、自分自身にも、そしてこれから旅立つ自分の教え子にも、最も贈りたい言葉だった。

選ばれし者の責務 ― 野田 ―

今の日本の最大の問題は、「エリート」の不在、健全なエリート意識の欠如だ。エリートというと鼻持ちならないイメージがついて回るが、それは私たちがこの言葉を、一流大学を出て一流の企業や官庁で働く人という外見上の要件に使ってしまったため、そして、個の論理よりも、世間の論理と組織の論理によって生きる「幻想エリート」に与えてしまったためだと思う。

エリートとは、責任を伴う大いなる力をもつ人だ。責務感は、自らの意志で沼地に足を踏み入れ、青い空と明るい草原を見たい、みんなに見せたいと願い、不安とリスクに耐えながら歩き続けていく中で生まれてくる。歩みを続けていくうちに、授かったギフトの重さを感じ、ギフトを人と社会に返そうという気概を持つようになる。だからエリートと周囲から思われている人が、エリートと呼ばれて自尊心をくすぐられたり、気恥ずかしいと感じたりするのは大間違いで、エリートこそ、社会に対して責任を負う喜びと辛さの両方を知っている存在のはずだ。

近代以降、私たちは自由という最大のギフトを手に入れた。しかし、個人が全員、自由を自分のためだけに謳歌すると、自由を支えている社会が維持できなくなる。個の自由と社会全体の間には常に緊張関係がある。

個々人の自由を守るためには、だれかが自分の意志で（したがって自らの自由の行使によって）社会に対する責務を果たさなければならない。このように社会に内包されたジレンマに耐え、責任を負う個人がエリートであり、リーダーシップの旅を歩き続けて、リーダーになる人だと私は思う。彼（女）らだけが矛盾を受け止め、矛盾からエネルギーを導き出し、よりよい組織、よりよい社会、よりよい世界をつくっていく。そしてこれが、ノブレス・オブリージュ（高貴なる責任）なのだろうと思う。

繰り返しになるが、リーダーシップの旅を歩む人はギフトを授かる。得たものは自分の努力への対価でもあるが、旅を歩んでいられること、歩ませてもらったこと自体がギフトなのだ。もらったものを人に、社会に返そう。苦しいこと、辛いことがあっても、そう素直に思える人であれば、きっとリーダーシップの旅も貫徹できるだろう。

幻想に引き戻されることなく ―野田―

この本では、エマージェント・リーダーの観点から、リード・ザ・セルフ、リード・ザ・ピープル、リード・ザ・ソサエティへとつながっていくリーダーシップの旅を鳥瞰してきた。

旅を貫徹するには、利己と利他がシンクロナイズする経験や、社会性への回帰、大いなる力に伴う責務感が重要な意味をもつ。

しかし、こうした点を強調しすぎることは、同時にとても危険でもある。そこにばかり目を向けると、またしても私たちは「すごいリーダー幻想」にとらわれてしまうからだ。リーダーはやっぱりすごい人、私にはとてもできない。リーダーシップなんて興味がない。これでは出発点に逆戻りだ。

もう一度だけ念押しさせてもらいたい。リーダーは「結果として」なるものだ。若くして利己と利他がシンクロしている人などいないだろうし、少年少女の頃から真の意味での社会性を帯びていたら変人扱いされる。

人は旅を始め、続けていくうちに、いつ振り返っても人がついてきてくれる経験をし、自分の夢がみんなの夢になるプロセスの中で、利他性や社会性に目覚め、責務感を身につけていく。「すごい人」だから身につけるのではなく、身につけなければ、旅を続けられないから、自然に人間が磨かれていく。

二十年、三十年と旅を続け、その旅が終わりにさしかかった頃、「すごい人」になったリーダーを私たちは目の当たりにする。しかし、その時点でのリーダーのありように目を奪われ、「自分にはとてもできない」「自分には関係ない」と思ってしまうと、リーダーシップは私たちの手のひらから、再びポロリとこぼれ落ちてしまう。

「リーダーシップの旅」という名の映画はたっぷり二時間あるのだ。ラスト十分を観るだけでは映画の意味は分からないし、ラストシーンがすべてであるはずがない。

心からの熱い思いがあり、何か実現したいと夢や志を真剣に語る人に、周囲の人々は喜んで手助けをしてくれる。

リーダーシップの旅を歩む私たちは、人に助けられ、支えられる中で、自分が人を活かしているのではなく、人に自分が活かされている、そしてそのことによって、自分はさらに行動できるのだという意識をもつ。

利己と利他が渾然一体となり、「自分のため」が「人のため」、「人のため」が「自分のため」と同一化する中、リーダーは、自分の夢をみんなの夢に昇華させる。

人から喜んでもらえる、感謝されるという経験が、利己と利他のシンクロナイズを加速させ、私たちの「世のため人のため」という社会への責任感、コミットメントを醸成する。

ヒトラーもリーダーであるという事実は、リーダーシップの暗黒面を示唆している。リーダーには高い倫理観が求められるし、歴史の悪例からも学び、自分が悪例であるリーダーの立場にいたならどうしただろう、暗黒面に陥ることはなかっただろうかと問い続けることが肝要となる。

リーダーは、リーダーシップの旅の中で、大いなる力というギフトを授かる。旅を歩み続けられること、それ自体ギフトでもある。

私たちは、もらったギフトを他人と社会に返す責務を負う。その意味で、ノブレス・オブリージュとは、旅を歩み続けたリーダーが自発的に背負う責務感である。

ギフトを社会に返す中で、私たちはさらに真の意味での社会のリーダーへと成長する。

エピローグ

野田智義

本書では、リーダーとは何か、リーダーシップとは何か、を自分に引きつけて議論してきた。既存の「すごいリーダー幻想」に疑問を投げかけ、マネジメントとの対比によってリーダーシップの本質を掘り下げ、リーダーシップの旅を展望した上で、旅の途中で磨かれ、同時に必要とされる力を概観した。

それでは旅を貫徹し、リーダーに結果としてなることにどんな意味があるのだろうか。旅の結果がどれほど重要なのだろうか。

もちろん、よい組織、よい社会という「見えないもの」を見たいと願って一歩を踏み出した以上、それが実現できた方がいい。旅の途中で授かったギフトを人や社会に返すことができれば、何よりも本望だろう。

しかし、そこに本当の意味があるのではないと私は思う。旅は予期せぬ出来事に満ちあふれているから、本人の意志にかかわらず、旅を続けられなくなることもあるだろう。また、私たちの人生という時間は限られているから、次の風景を見ずに、突然、旅の終わりが告げられることもあるだろう。

したがって、いつ旅が続けられなくなっても、自分に納得できるよう一歩を歩み続ける。旅の結果よりも、そのこと自体が一番重要ではないか。そんなふうに私は考える。リーダーシップは一人称で考えるものだから、人や世間からどう評価されようと、自分は自分で「裁く」ものだ。そのために、自分と向き合い、旅人としての自分の今を問い続ける。

黒澤明監督の『生きる』を観た人は、読者の中にも多いだろうと思う。この作品の主人公は志村喬さん演ずる市役所の渡辺課長だ。まじめに生きてきたが、事なかれ主義で、まるでそれが唯一の仕事であるかのように書類にハンコばかり押している。そんな渡辺課長が定年を間近に控えて、胃ガンの宣告を受ける。小役人が己の死と向き合うことによって、物語は動き始める。

これまでの無為な人生を悔いた渡辺は、役所が手を付けてこなかった陳情書に目を通し、最後の仕事として、下水溜まりの埋め立てと公園建設に奔走し始める。長屋の主婦たちの要望に耳を傾け、上役には楯つき、権益に群がる暴力団まがいの男たちともやり合う。苦労の甲斐あって公園は完成する。しかし、その功績は、出世欲が強く立ち回りがうまい助役に横取りされてしまう。雪の降る夜、公園のブランコに揺られながら、渡辺はひっそりと命をひきとる。

映画では葬式のシーンが長く続く。長屋の主婦たちが、渡辺課長の遺影に向かって、泣きながら感謝の言葉をかける。同僚たちは、なぜ渡辺があれほど公園作りに固執したのかを話し込むうちに、彼が死期を悟っていたのだとようやく気づく。手柄を上役に横取りされて、さぞかし無念だったろうと一同が沈み込む中、最後に公園で渡辺の帽子を拾ったという警官が焼香にくる。警官は、あの夜公園で、渡辺に声をかけていたら死なせずにすんだかもしれないとわびつつ、なぜ声をかけそびれたのかを明かす。声をかけられなかったのは、渡辺がブランコに揺られながら、しあわせそうに歌をうたっていたからだった。

渡辺課長は死を目前にして、自分と対峙し、自分がどう生きたいのか、何を見たいのかを改めて考えたのだろう。彼にとっての「見えないもの」は、雨が降っても水はけがよい場所で、子供たちが元気に遊び、住民が生きいきと暮らせる町の姿だった。そしてその町の片隅に立つ自分の姿だった。役人として手柄を立てたかったわけではなく、社会からの評価が欲しかったのでもない。死を前に「生きる」意味をとらえ直した時、彼にとってのリーダーシップの旅が始まった。その旅は短かったけれど、彼は納得ある人生を生き切った。

この本の最初にもふれた通り、私たちにとって、リーダーシップとは「生き様」の問題なのだと思う。つまり自分はどんな人生を送るのかと同義であり、本当の意味で納得できる人生が送れたならば、そこには人それぞれの旅の軌跡が残るのだろう。

しかし、私たちはなかなか納得できる人生を生き切れない。世間や組織の目が気になったり、常識、過去、しがらみにとらわれ、日常に振り回され、多忙を理由に問題を先送りにする。私たちは弱い存在だ。慣性に流されて生きる方が気楽だから、自分と対峙し、苦闘するよりも、安易な道をどうしても選びたくなる。

東京・三田の龍源寺の住職、松原哲明和尚は「人間は不幸だ」と説く。人生は一度きりしかない。その人生という海原に、私たちは何の手本もなく、練習もせずに船を漕ぎ出していかなくてはならない。海図は自ら作っていくしかない。ああ学んだ、これで人生が分かったと思うと、その時、死が訪れる。私たちは、どう生きるべきかを、一回きりの本番しかない人生の中で試される。

どうすればいいだろうか。

自分と真摯に向き合うことで、人生の節目をつくっていくことだ、と松原和尚は説く。大きな分かれ目で、自分が歩んできた道を振り返り、自分とは何者であり、何をするために生まれてきたのかを問う。もちろん正解なんてあるはずがない。そんなことがすぐに明確になるはずもない。それでも問い続ける。それが生と向き合うことであり、同時に死から目をそらさないことでもあるのだろう。

アップル・コンピュータの創業者であり、一時同社を追われて後にＣＥＯに復帰したスティーブ・ジョブズが、二〇〇五年六月、スタンフォード大学の卒業式で行ったスピーチが、インターネット上で話題となった。私も映像を見たが、とりわけ死にまつわる話が感動的だった。少し長いが、その一部を抜粋して引用しよう。

Remembering that I'll be dead soon is the most important tool I' ve ever encountered to help me make the big choices in life. Because almost everything — all external expectations, all pride, all fear of embarrassment or failure - these things just fall away in the face of death, leaving only what is truly important. Remembering that you are going to die is the best way I know to avoid the trap of thinking you have something to lose. You are already naked. There is no reason not to follow your heart.

「自分が死と隣り合わせであることを忘れずにいること、それは、私が知る限り、人生の大きな決断を助けてくれる最も重要な道具だ。なぜなら、ほとんどすべてのこと、他人からの期待やプライド、恥をかくことや失敗することに対する様々な恐れ、これらのことは死を前にして消えてしまうからだ。そして本当に大切なことしか残らない。いつかは死ぬと意識していることが、何かを失うのではないかという思考のワナに陥ることを避ける、私が知る限りの最善の方法だ。君たちはすでに素っ裸だ。自分の心のままに行動しない理由など何もない」

この後のくだりで、ジョブズはおよそ一年前にガンと診断され、手術を受けて全快したことを告白した。死とは「我々すべてが共有する運命」であり、「古きものを一掃し、新しきものに道筋をつくるもの」と話し、さらにこう続ける。

Your time is limited, so don’t waste it living someone else’s life. Don’t be trapped by dogma — which is living with the results of other people’s thinking. Don’t let the noise of others' opinions drown out your own inner voice. And most important, have the courage to follow your heart and intuition. They somehow already know what you truly want to become. Everything else is secondary.

「君たちの時間は限られている。だから自分以外のだれかの人生を生きて無駄にしてはいけない。ドグマのワナに絡め取られてはならない。それは、他人が考えたことの結果に従って生きることだ。他人の意見に、自分自身の内なる声をかき消されてはいけない。そして、最も重要なことは、自分の心と直感に従う勇気をもつことだ。心と直感はどういうわけか、君たちが本当になりたいものをすでに知っている。その他すべては、二の次だ」

私も読者の皆さんも、ガンになりたくないし、死にたいなどと思っているわけではない。それに、病気にならないとリーダーシップの旅を歩めないわけでもない。だが、死生観をもつこと、死から目をそらさず現実的なものと意識することによって、人は初めて生の意味を知るのだろう。

私はいつも、自分はちっぽけな存在だと感じる。宇宙から見たら、自分の一生などあまりにも短く、ささいなことにすぎない。別に宇宙などと仰々しいものをもち出さなくても、身近な組織の中でもそうだ。組織は個人の記憶を残さない。どんなに頑張ってやった仕事でも、数年たてば、だれがやったかということなど忘れ去られる。私があれほど尊敬した、我が師スマントラ・ゴシャールでさえ、悲しいことにすでに人々の記憶から薄れ始めている。

しかし、人の営みはそうやってつくられてきたし、未来永劫そのようにしてつながっていく。「生」はちっぽけだが、生きる当人にとっては大きな意味がある。そして、私も含めてその生を精一杯生き切ろうとするすべての人の前に、リーダーシップの旅は無限の広がりを見せている。私は、そう信じている。

最後に、もう一つだけ映画の話をして、この本を締めくくらせてもらえればと思う。

先ほど挙げた映画『スパイダーマン』シリーズのパート2に、とても印象的な言葉がある。スランプに陥り、正義の味方を続ける気持ちを失いかけたピーターに、母親代わりのメイ叔母さんが言い聞かせるセリフだ。

I believe there's a hero in all of us, that keeps us honest, gives us strength, makes us noble, and finally allows us to die with pride. Even though sometimes we have to be steady and given up the thing we want the most. Even our dreams.

「私たちだれの中にもヒーローはいる。だから正直に勇気をもって気高く生きられる。そして最後は誇りをもって死ねる。だから、時には毅然として大事なものをあきらめることもある。夢さえも――」

リーダーシップ、それはたった一回の人生という旅であり、生の意味を問い続けるプロセスだ。本当に大切なものが分かれば、時にはこれまで大切にしていたものをあきらめることもできる。自分を閉じ込めていた内なる竜と戦うことで、さらに険しい上り坂の旅を続けられる。

もちろん私自身の人生は、映画ほどきれいじゃない。NPO活動を通じて、リーダーシップの旅に一歩を踏み入れてからも、悩み、迷い、壁にぶつかることの連続だ。物事はスパッと割り切れず、いつも混沌の中だ。周囲の人に迷惑をかけ、すぐに反省する。

しかし、「内なる声を聴いて歩くすべての人の前に、リーダーシップの旅は開けている」。

私は、自分にそう言い聞かせて、生きていければと願っている。

あとがき

金井壽宏

野田智義さんは、世に出ている。すでに相当に熱く。また、野田智義さんは、すでに意味のあるものを世の中に生み出し、その真価を問うている。すごいと思う。

だが、超多忙な彼を机に縛り付けて、ものを書いてもらうのはなかなか難しい。しかし、その考えを広く知ってもらえたら、とずっと思っていた。今回、彼の話を聞きながら、私も話題を提供し、彼の話をさらに引き出すような試みが、やっと実現した。

リーダーシップに魅力は感じるのに、リーダーシップについてこれまで書かれたものにピンとこなかった人は、多いかもしれない。ほかならぬ野田さんがそうだった。また、野田さんと一緒にこの本の執筆という旅をともにした私もまた、リーダーシップの研究を長年しつつも、どこかでもう一度、自分の殻を破らないと、自分のリーダーシップ論に磨きがかからないと思っていた。

この書籍において私たちが言いたかったことの骨子は次の通りだ。

・リーダーシップが生まれつきだったら、学んでも仕方がない。リーダーは生まれつきというより、プロセスをへて、結果において共振現象として徐々に姿を現すものだ。

・リーダーシップが一部の特別の人だけのものだったら、それは簡単に偉人伝に陥ってしまう。「あの人リードする人、私はフォローする人」と割り切っていいのだろうか。リーダーシップは見方を変えればだれもの問題でもあるはずだ。

・リーダーになることを、管理職（ポジションとしてのマネジャー）になることと勘違いしている人がいる。だが、管理とは人を鋳型にはめたりすること、組織に安定や秩序をもたらすことであり、肩書きだけでリーダーシップは生まれない。実はかなり大勢の人が深いレベルでは、マネジメントとは別個のリーダーシップに気づきつつ、その世界を生きていない。

二人ともよく話すので、二日も語り合えば、素材としては十分だろうと当初は考えた。ところが実際は違った。文章になれば気づくことがあり、また語ればさらに誘発される考えが出てくる。野田さんが、アウトプットにかけるこだわりはたいへんなものだった。

我々が、新書という媒体を求めた理由は、広く大勢の人に、もう一度、リーダーシップとは何かを、生き方にかかわる観点から、問い直してほしかったからだ。薄くても心に深く入る書籍にしたかった。それがどの程度、実現したか。読まれた方々の中から、この本をきっかけにリーダーシップの旅に出る人がどれぐらい出てくるか、が試金石だ。

この共著では、リーダーシップを研究するのではなく、実践している野田さんの視点を何よりも最優先した。もちろん、私も長年リーダーシップについて研究してきた人間として、できる限り野田さんの論点をフォローする知見はちりばめさせてもらった。

普通なら、フロントマンになりたがりの自分が、この書籍では野田さんに前面に出てもらったのにはわけがある。一つには、実践につながる視点を重視したかったので、実践家の野田さんにリードをとってもらった。もう一つには、野田さんにとって意味のある理論とは、自らリーダーシップをとっている野田さんの持論にほかならず、これからの経営学は実践家の持論を大切にしないといけないと私が深く信じているからだ。

私は、小学生にも分かるようにリーダーシップを定義する時には、「なんらかの絵を描き、それを面白いと思った人が喜んでついてくるようになったら、そこにはリーダーシップが存在する」と説明してきた。会社の研修で管理職以上の人などが対象の時には、「大きな絵を描き、大勢の人間をその絵の実現のために巻き込む」プロセスとしてリーダーシップを説明してきた。

それが、自らも小林陽太郎さんや北城恪太郎さんといった財界リーダーの協力を得て、ISLを立ち上げた実践家としての野田さんにかかれば、「見えないものを見て、それに惹かれて暗い沼地でも先頭を切って歩いていく」のがリーダーシップの第一歩だということになる。絵を描くというより、皆にはまだ見えないものを見ているという表現の方が、確かに野田さんらしい。沼の深さが分かっていたら、フォロワーに先頭を歩いてもらってもいいが、どれくらい深いかが分からないからこそ、見えないものを見てしまった熱い想いをもったリーダーが先頭を歩かないといけないのだろう。

リーダーシップを「旅」というメタファー（隠喩）でとらえるのも、野田さんの着想だ。また、有効なリーダーシップの条件については、私も一家言あるが、この本では野田さんの持論（構想力、実現力、意志力、基軸力から成るリーダーシップ持論）をフィーチャーした。

リーダーでなければ、リーダーを教えることができない――。二〇〇六年の八月に、米国で3M、ベストバイ、ゴールドマン・サックス、ペプシコ、ホームデポなど、リーダーシップ教育で定評のある企業を多数訪ねた際に、最もよく聞いた言葉だ。ホームデポのリーダーシップ開発センター長グレッグ・ダーディは、「Only leaders teach a leader.（リーダーだけがリーダーを教えられる)」と言って「I am one of them.(わたしもその一人だ)」とさらっと述べた。日本でこう言える人は、野田さんだけだろう。

私は、長らくリーダーシップ論にタッチしてきたが、その閉塞状態を脱したいと思って、「一皮むけた経験」アプローチ(『仕事で「一皮むける」』光文社新書、二〇〇二年)、持論アプローチ、もしくは「経験からの教訓」アプローチ(『リーダーシップ入門』日経文庫、二〇〇五年)という名のもとに、この分野にこれまでにない視点を入れるべく努力している最中だ。だから、新しいリーダーシップ論の方向性を探るのなら、そういう人とコラボレーションして、共著で何かを書きたいと思うようになっていた。またISLの学術顧問としても、野田さんの活動のサポートにもなる書籍を出したいと思っていた。それを実現してくれたのは、光文社新書の編集者、古谷俊勝さんで、野田さんの考えの引き出し役としては、私だけでなく、ライターの秋山基さんが活躍してくれた。秋山さんはまた私たち二人の膨大な量の原稿を整理し、構成してくれた。ここにしっかり明記して、感謝の気持ちを野田さんとともに表したい。

世に出たこの本が、皆さんにプラスのエネルギー源になることを祈って、あとがきを結びたい。

野田智義（のだともよし）
1959年京都生まれ。全人格経営リーダー教育機関アイ・エス・エル（ISL）創設者。大学院大学至善館学長・理事長。スペイン・インド・ブラジル・イスラエルなど世界各地のパートナーと連携しながら、欧米型ビジネススクール教育のパラダイム・シフトに挑戦している。東京大学法学士、MIT経営学修士（MBA）、ハーバード大学経営学博士（経営政策）。

金井壽宏（かないとしひろ）
1954年神戸生まれ。京都大学教育学部卒業、神戸大学博士課程前期課程修了後、MIT経営大学院博士課程修了。現在、立命館大学食マネジメント学部教授、神戸大学名誉教授。

リーダーシップの旅《たび》　見《み》えないものを見《み》る

2007年2月20日初版1刷発行
2025年10月30日　27刷発行

著者 ── 野田智義　金井壽宏
発行者 ── 三宅貴久
装幀 ── アラン・チャン
印刷所 ── 萩原印刷
製本所 ── ナショナル製本
発行所 ── 株式会社光文社
東京都文京区音羽1-16-6（〒112-8011）
https://www.kobunsha.com/
電話 ── 編集部03(5395)8289　書籍販売部03(5395)8116
制作部03(5395)8125
メール ── sinsyo@kobunsha.com

ISBN 978-4-334-03389-7

KOBUNSHA

光文社新書

光文社新書

108 ソシュール入門
コトバの謎解き
町田健

ラカン、ストロース、バルトなどの構造主義者に多大な影響を与えた、言語学の巨人・ソシュール。彼がジュネーブ大学で行った「一般言語学講義」を、今21世紀の文脈で読み解く。

150 座右のゲーテ
壁に突き当たったとき開く本
齋藤孝

「小さな対象だけを扱う」「日付を書いておく」「論理的思考を封印する」――本書では、ゲーテの〝ことば〟をヒントにして、知的で豊かな生活を送るための具体的な技法を学ぶ。

165 ブッダとそのダンマ
B・R・アンベードカル
山際素男 訳

インド仏教徒1億人のバイブル。不可触民解放の父・アンベードカルが死の直前まで全身全霊を込めて執筆した歴史的名著。インド仏教復興運動は本書から始まった。

176 座右の諭吉
才能より決断
齋藤孝

「浮世を軽く視る」「極端を想像す」「まず相場を知る」「喜怒色に顕わさず」――類い希なる勝ち組気質の持ち主であった福沢諭吉の珠玉の言葉から、人生の指針を学ぶ。

177 現代思想のパフォーマンス
難波江和英　内田樹

現代思想は何のための道具なの？　二〇世紀を代表する六人の思想家を読み解き、現代思想をツールとして使いこなす技法をパフォーマンス（実演）する。

244 チョムスキー入門
生成文法の謎を解く
町田健

近年、アメリカ批判など政治的発言で知られるチョムスキーのもう一つの顔、それは言語学に革命をもたらした生成文法の提唱者としての顔である。彼の難解な理論を明快に解説。

256 「私」のための現代思想
高田明典

自殺には「正しい自殺」と「正しくない自殺」がある――フーコー、ハイデガー、ウィトゲンシュタイン、リオタールなどの思想を軸に、「私」の「生と死」の問題を徹底的に考える。

光文社新書

049
非対称情報の経済学
スティグリッツと新しい経済学
藪下史郎

スティグリッツの経済学を直弟子がわかりやすく解説。なぜ市場主義は人を幸福にしないのか？「非対称情報」という視点からの、まったく新しい経済の見方。

062
財政学から見た日本経済
土居丈朗

特殊法人、地方自治体の驚くべき実態。税金が泡と消えていく「隠れ借金のカラクリ」を気鋭の経済学者が解き明かす。財政破綻！そのとき日本は？私たちの生活は？

117
藤巻健史の実践・金融マーケット集中講義
藤巻健史

モルガン銀行で「伝説のディーラー」と呼ばれた著者が、社会人1、2年生向けに行った集中講義。為替の基礎からデリバティブまで——世界一簡単で使える教科書。

167
経済物理学《エコノフィジックス》の発見
高安秀樹

カオスやフラクタルという物理の理論が経済分析にも応用できることが証明され、新たな学問が誕生した。経済物理学の第一人者が、その最先端の研究成果を中間報告する。

172
スティグリッツ早稲田大学講義録
グローバリゼーション再考
藪下史郎 荒木一法 編著

グローバリゼーションは世界を豊かにしているのか。IMFの自由化政策は、アメリカだけが富めるシステムではないか。ノーベル賞学者の講義を収録、その理論的背景を解説する。

187
金融立国試論
櫻川昌哉

「オーバーバンキング」(預金過剰)がバブルを起こし不良債権をつくり金融危機を招いた。「カネ余りの不況」世界史的にも稀な現象がなぜ日本で起きたのか？マクロの視点で読み解く。

254
行動経済学
経済は「感情」で動いている
友野典男

人は合理的である、とする伝統経済学の理論は本当か。現実の人の行動はもっと複雑ではないか。重要な提言と詳細な検証により新たな領域を築く行動経済学を、基礎から解説する。

光文社新書

188
ラッキーをつかみ取る技術
小杉俊哉
人の評価を気にしない、組織から離れてみる、嫌なことはしない、絶対にあきらめない……。キャリアが見えない時代に、こちらから積極的にラッキーを取りにいくためのキャリア論。

191
さおだけ屋はなぜ潰れないのか？
身近な疑問からはじめる会計学
山田真哉
挫折せずに最後まで読める会計の本――あの店はいつも客がいないのにどうして潰れないのだろうか？　毎日の生活に転がる「身近な疑問」から、大ざっぱに会計の本質をつかむ！

197
経営の大局をつかむ会計
健全な〝ドンブリ勘定〟のすすめ
山根節
会計の使える経営管理者になりたかったら、いきなりリアルな財務諸表と格闘せよ。経理マン、会計士が絶対に教えてくれない経営戦略のための会計学。

206
金融広告を読め
どれが当たりで、どれがハズレか
吉本佳生
投資信託、外貨預金、個人向け国債……。「儲かる」「増やす」というその広告を本当に信じてもよいのか？　63の金融広告を実際に読み解きながら、投資センスをトレーニングする。

239
「学び」で組織は成長する
吉田新一郎
役に立たない研修ばかりやっている組織のために、「こうすれば効率的に学べる」方法を紹介する。企業、NPO、学校、行政などで使える学び方・22例を具体的に解説。

245
指導力
清宮克幸・春口廣　対論
松瀬学
大学ラグビー界の名将二人が、自身の経験とノウハウをもとに、「指導力」の肝について語り合う。ラグビーファンだけでなく、すべての指導者、部下を持つビジネスマン必読！

275
統計数字を疑う
なぜ実感とズレるのか？
門倉貴史
五六カ月連続で景気が上向き？　男の平均初婚年齢は二九・八歳？――まるで実感とそぐわない統計数字がなぜ、どのように生み出されるのか？　統計リテラシーが身に付く一冊。

070
仕事で「一皮むける」
関経連「一皮むけた経験」に学ぶ
金井壽宏
異動・昇進・降格・左遷……第一線で活躍するビジネスマンはいつ「一皮むけた」か、豊富なインタビューがあぶり出す。現場で培われたキャリア論、日本で初めての試み。

088
「会社を変える」人材開発
プロのノウハウと実践
柴田昌治 監修　香本裕世
危機感・責任感のなさ、希薄なコスト意識、思考停止になっている頭脳……。〝死につつある〟企業の人材、立て直しのノウハウを、人材開発のプロフェッショナルが一挙公開！

143
技術経営の考え方
MOTと開発ベンチャーの現場から
出川通
優れた「技術」も、それが売れる「商品」にならねば意味がない。「モノ作り」日本の復活の起爆剤として期待される「技術経営（MOT）」の方法論を、現場の視点で解説。

153
会社がイヤになった
やる気を取り戻す7つの物語
菊入みゆき
「がんばっているのに結果が出ない」「会社の〝出世コース〟にのっていない」「上司とうまくいかない」――そんな貴方の失われた「やる気」を取り戻す7つの物語。

161
組織変革のビジョン
金井壽宏
「道に迷ったときは、どんな古い地図でも役に立つ」「忙しいから絵が描けないのではなく、描けていないから忙しいだけだ」――本当に意味のある変革とは？　根本から考える。

198
営業改革のビジョン
失敗例から導く成功へのカギ
高嶋克義
企業が一度は取り組むものの、挫折することの多い営業改革。本書は、実際の企業への取材を通して、失敗原因のプロトタイプをあぶり出し、成功へ導くポイントを探る。

207
学習する組織
現場に変化のタネをまく
高間邦男
「変わりたい」を実現するには？　多くの企業の組織変革に関わってきた著者が、正解なき時代の組織づくりのノウハウを解説。「何をするか」ではなく、「どう進めるか」が変革のカギ！